묵상시집

신부의 뜰

김지영

Q 쿰란출판사

추천사

삶의 무게에서 영성의 무게로

　김지영 집사님의 다섯 번째 책 《신부의 뜰》이란 묵상 시집 원고를 대하면서 '지성에서 영성으로'라는 말을 남긴 최고 지성인 이어령 선생님을 생각하게 되었습니다. 김지영 집사님은 부부 치과 의사로 평범하게 살기에 충분한 분들인데도 스스로 자원한 고단한 구도자의 길을 걸었고 그 여정에서 건진 글과 시에 '삶의 무게에서 영성의 무게'라는 부제를 드리고 싶습니다. 삶의 무게를 몸에서 가슴으로, 가슴에서 영성으로 승화시킨 것에 아무나 쉽지 않은 일임에 평생 목양의 길을 걸어온 자로서 도전과 진한 감동을 받고 있습니다.

　저자가 신앙의 기본 진리를 터득했던 신앙고백과 같은 묵상집 《글로리》 서문에서 "좌절들도 많았으나 그동안 한마디 한마디 들려주신 음성들이 쌓이고 쌓여 이제 도저히 버티고 감당하기 힘들 만큼 압도된 은혜 앞에 바짝 엎드려집니다. 이 터질듯한 나의 비밀함 속 진귀한 보물들을 언어로라도 접어 정리해 두지 않고서는 견딜 수 없는 직무유기감 때문에 부족한 어휘지만 용기 내 정리해 보내기로 합니다"의 말씀대로 영성 깊은 시어 제1집 《신부의 노래》에 이어 제2집

《신부의 뜰》을 출판하게 된 것을 진심으로 축하합니다.

　존재하는 모든 것에는 무게를 가진다는 말이 있듯이 눈에 보인 형상만이 아니라 무형에 속한 언어나 생각이나 느끼는 감정에도 색깔이 있고 무게가 있음을 우리는 공감하고 있다 하겠습니다. 그 무게를 견디어 내는 것을 삶이라 하겠지요. 저자는 자처한 구도자의 길에서 수많은 고뇌와 갈등, 방황을 통해 찾고 구했던 하나님을 만나게 되었습니다. 무엇보다 귀한 것은 말씀을 통한 하나님의 내밀한 음성을 듣고 깊은 자기 성찰과 깨달음을 통해 구도자의 길잡이로 서게 되었는데 이것은 날마다 진리의 목마름과 몸에 배도록 몸부림이 있는 삶의 누적이요 표현에 기인했기에 읽는 이들에게 큰 의미가 있으리라 기대됩니다.

　앞서 《신부의 노래》라는 영성 시집에서 아름다운 시어로 주님을 찬양한 데 이어 매일 말씀 묵상을 통해 신랑을 사랑하는 행복한 신부로 소통한 내용, 제2의 아가서라 할 수 있는 《신부의 뜰》이란 이름으로 묵상 시집을 출판하게 되었습니다.

　이번 묵상 시집의 특별한 점은 시뿐만 아니라 그때의 느낀 감성과 상황의 해설이 첨부되어 말씀의 은혜와 저자와 더 깊은 소통과 공감을 가질 수 있어 감동의 선물을 더하고 있습니다.

　저도 매일 영성을 위해 묵상 일기를 쓰고 있지만, 저자의 주님을 향한 뜨거운 마음과 성실함이 존경스럽기 그지없습니다.

　구도와 순례자의 길을 걸었던 수많은 영성 선배들의 공통점 곧 말씀 묵상과 기도와 냉철한 자기 성찰로의 충실함을 보게 됩니다. 그런 점에서 저자의 성실하고 진솔한 모습은 진리와 은혜를 사모하는 성도들과 다음 세대에 좋은 본이 되고 있음에 한 공동체 한 가족인 것이 자랑스럽습니다.

　이것이 끝이 아니라 더 귀한 글을 기대하면서 영육이 강건하시기를 기원합니다.

2025년 3월
월광교회 원로목사 김유수 드림

프롤로그

　인생의 광야와 어둠의 터널을 통과하며 하나하나 건졌던 반짝임의 보석들… 마치 광대하신 하나님의 눈부신 왕복으로부터 흩날려 한 죄인의 어두운 눈앞에 이른 작은 반짝이 조각에 불과했을지 모릅니다. 그럼에도 불구하고 감당할 수 없는 그 폭발적 파워와 광채의 아름다움에 심히 압도되어 영성 시리즈 세 권이 쓰였고 그제야 인생 숙제가 끝났다고 여겨 홀가분했었습니다.

　이어 코로나 규제가 풀렸고 사역이 활력을 되찾게 되자 모교회의 묵상/통독학교를 즐겁게 섬기게 되었습니다. 그동안 홀로 했던 묵상이 함께 하는 묵상이 되자 마치 포틀럭(potluck) 파티를 하는 듯한 만찬의 기쁨이 더해갔고 매일매일 그립고 그리운 주님 만날 날을 기대하는 감상으로의 부흥이 더해갔습니다. 그런 말씀의 만찬을 즐긴 지 1년이 넘어 2년 가까이 되던 어느 날 뜬금없는 음성을 듣습니다. "지영아 시집 준비하자!"

　하나님의 음성은 평소 스스로의 사고 속에 없던 것, 상상하지 못했던 것, 내 안에 없는 것의 투척인 경우가 많은 듯합니다. "시집이라고요…?" 제 인생에 단 한 번도 떠올려보지 못했던 아이디어였습니다. 시와 친하지도 않았고, 시를 배워본 적도 없었고(중고등학교 국어 시간 외엔), 시를 써보고 싶은 적도 없었고, 게다가 시집은 내 평생에 딱 한 권 사본 게 전부였으니까요.

좌우간 음성에 의지하여 그동안 모아두었던 묵상 나눔 파일을 열어봅니다. 제목도 없이 말씀 구절 아래에 나누었던 글 중에 시처럼 올려드렸던 내용을 모아보니 60편이 넘습니다. 이어 이 음성이 진짜로 하나님께 온 것인지 확증을 여쭈었고 정확히 세 번의 확증을 받게 되자 그제서야 68편의 시에 제목을 붙입니다. 이것은 바로 원고가 되었고 쿰란출판사와 다시 만나는 계기가 되었습니다.

'신부의 노래'라는 이름의 원고로 쿰란과의 영성 시집 출판이 결정되었었던 바로 그날 곧바로 또 다른 음성을 들려주십니다. "다음 시집은 신부의 뜰이야~." 그리고 어김없이 그날 이후 3개월여 동안, 다른 방향과 다른 색깔의 시어와 계시를 봇물 터트리듯 열어 주십니다. 그리고 그 은밀한 시어 속에서 하나님과 단 둘만이 아는 친밀함의 바다를 맘껏 헤엄치는 경이를 누립니다. 그러다 문득 이 은밀함을 사랑하는 이들과 공유하고 싶어졌습니다. 그래서 자작시를 설명하는 해설을 붙이게 됩니다. 이렇게 하여 장르에도 없는 해설시가 탄생하게 된 것입니다.

장르에도 속하지 않는 이 시와 글, 그 양식과 내용이 다소 우려되고 조심스러워 원로목사님을 찾아뵙습니다. 필자의 멘토 되시는 김유수 원로목사님께서는 늘 하나님의 대리자 되셔서 중요한 결정의 마지막 승인을 명쾌히 해 주십니다. 기뻐해 주셨고, 축하해 주셨고, 축복해 주신 격려 덕에 이렇게 새로운 영역, 묵상 시집이란 형태의 신앙 시집이 또다시 세상 앞에 잉태되었습니다.
　꿈꾸는 것조차 할 수 없었던 미약하고 미미한 소자에게 부으신 이 은혜, 《신부의 노래》에 이은 《신부의 뜰》은 온전히 묵상과 통독을 통해 주셨던 압도적인 은혜의 실체임을 고백할 뿐입니다.
　말씀을 사랑하는 자에게 주신 이 부요함의 은혜를 건네며 함께 나눌 때, 말씀의 갈망 앞에 서신 각 성도님들의 눈과 귀와 심령과 일상과 은사 위에도 30배 60배 100배의 충만한 열매가 열리는 은총 있으시길 온 맘 다해 축복합니다.

God is so good!
2025년 3월
김지영

목차

추천사 김유수 목사(월광교회 원로목사) • 2

프롤로그 • 5

〈진리의 뜰〉

창조 즈음에 _ 14
창조자의 바램 _ 17
창조에서 구원으로 _ 20
구약과 신약 _ 23
주의 기도 I _ 26
주의 기도 II _ 32

〈축복의 뜰〉

첫 열매 _ 36
소자의 복 _ 39
첫 음성 _ 42
고라 자손의 반면교사 _ 46
지란지교의 꿈 _ 51

⟨분별의 뜰⟩

요나의 표적 _ 56
인생의 시험 세 가지 _ 64
다윗과 밧세바 시험 _ 69
사단의 마법가루 _ 74
유다의 놓친 기회들 _ 78
거짓의 말로 _ 82

⟨고백의 뜰⟩

죄인 중의 괴수 _ 90
악한 세대가 이와 같이 _ 92
우물가에서 _ 97
마리아의 노래 _ 102
네가 나를 사랑하느냐? _ 107

〈기도의 뜰〉

기도의 조명 _ 112
비움과 채움 _ 114
돌파 _ 116
주의 영광을 내게 보이소서 _ 118
그릇 _ 119

〈은혜의 뜰〉

성령을 주지 않겠느냐? _ 126
나도 너를 정죄치 아니하리니 _ 131
집사 스데반 _ 140
수고하고 무거운 짐 _ 144
많이 맡은 자 _ 148
은화과 _ 151
마지막 세대 _ 154

〈팔복의 뜰〉

심령이 가난한 자의 복 _ 160
애통하는 자의 복 _ 164
온유한 자의 복 _ 168
의에 주리고 목마른 자의 복 _ 172
긍휼히 여기는 자의 복 _ 175
마음이 청결한 자의 복 _ 178
화평케 하는 자의 복 _ 181
의를 위하여 핍박받는 자의 복 _ 185

〈열정의 뜰〉

마음이 불붙는 것 같아서 _ 190
마음이 뜨겁지 아니하더냐? _ 193

에필로그 • 197

진리의 뜰

창조 즈음에 (창 1:1)

흑암의 깊음
혼돈과 공허…

어둠을 향해 함께
아파할 그런 마음과 마주할 수 있을까?

수면 위를 운행하는
고독의 빛…

프리즘빛 그릇 빚어 함께
소망 담을 그런 마음과 마주할 수 있을까?

양심의 탯줄 매달아 내 호흡 밀어 보내면
내 마음 파장에 감정의 옷 입혀 보내면
나와 동일한 그런 마음과 마주할 수 있을까?

언어를 선사해 내 마음을 읽게 해주면
노래를 선물해 하모니를 가르쳐주면
나와 동일한 그런 사랑과 마주할 수 있을까?

이름을 짓고 다스리게 하면 내 고독을 이해할까?
홀로만 짝없음을 깨달으면 내 창조를 이해할까?
여자를 만들어 주면 그 사랑의 뿌리인 날 바라볼까?
자유 의지를 선물해줘도 여전히 날 선택할까?
음…

빛이여, 있으라!
자유의지여, 들어가 생령이 될지어다!

창 1:1-2 태초에 하나님이 천지를 창조하시니라. 땅이 혼돈하고 공허하며 흑암이 깊음 위에 있고 하나님의 영은 수면 위에 운행하시니라.

창조론과 진화론! 이것은 과학이 아닌 신앙의 문제라 할 수밖에 없는 듯합니다. 과학이란 관찰과 실험 가능한 증거를 바탕으로 가설을 검증하고 도출된 결과값을 축적하는 학문인데 창조는 결코 재현하거나 실험할 수 없는 사안이기 때문이지요.

따라서 창조자요 설계자인 하나님의 계시를 믿는 우리, 크리스천으로서 사고의 출발점은 명백해질 수밖에 없어집니다. 다만 '왜?'라는 질문이 주는 개연성만 있을 뿐인 듯합니다.

태초… 창조 전… 흑암과 혼돈과 공허의 깊음 가운데… 하나님은 무엇을 기대하시며 창조를 꿈꾸셨을까? 전지전능한 분의 번민과 결단? 감히 엿볼 수조차 없으나 계시의 말씀들을 통해 느껴지는 그분의 성품과 특성 그리고 그분의 형상대로 지음 받았기에 공감되는 오감을 통해 바늘구멍만 할지라도 창조주의 마음을 따라가 봅니다.

사랑의 본체!

사랑의 하나님!

사랑이라는 관계 개념 속에 반드시 있어야 할 필요조건은 '대상'이 아닐까? 그리고 그 '사랑'이라는 관계 설정을 위해 전제돼야 했을 동등성과 자율성… 그래서 선물하신 자유의지!

따라서 그분의 형상을 따라 그분의 모양대로 지어져야 했을 사랑의 대상을 꿈꾸시며 광활한 우주를 무대 삼아 결국 '빛'의 조명을 켜셨을 듯합니다.

"빛이여, 있으라!"

창조자의 바램 (창 1:26)

내 형상을 따라 지었으니
동일한 마음 품어주겠지?
자유의지를 선물했으니
스스로 내게 걸어와 함께해 주겠지?

혹여 어둠에 사로잡힐지라도
숨지 않고 투명하게 소통해 주겠지?
혹여 미혹에 사로잡힐지라도
숨기지 않고 정직하게 고백해 주겠지?

내 사랑 알기에
내 마음 조각 가졌기에.

혹여 넘어질지라도
절망을 비워 존재의 겸허로 돌아오겠지?

혹여 죄에 오염될지라도
애욕을 비워 순결의 사랑을 회복하겠지?

내 인내 알기에
내 마음 조각 가졌기에.

깨진 마음들
흩어진 조각들
빛 바랜 채 서로 찔리고 아픔에 매몰 당할지라도
눈물 속에 감춰 둔 반짝임 따라 돌아올 길을 기억해 주겠지?

내 마음의 파장 포획할 귀와
파장이 통과해 맞닿을 마음의 창
선물했기에.

창조주께서 사랑의 대상인 인류에게 최고의 것, 자유의지를 선물하십니다. 자유의지를 선물하신 이상 늘 가슴 졸이며 인내하지 않을 수 없는 관계가 시작됩니다(1권 《이 산지를 내게 주소서》 p.123 참조). 선택권을 주셨다는 것은 선택받지 못할 가능성을 동시에 선물하신 것이기 때문입니다. 배신이나 불순종, 또는 반역이라는 경우의 수가 늘 존재하기 때문입니다. 그럼에도 불구하고 사랑의 기쁨과 가치를 아신 사랑의 본체께서 이를 감수하는 결단을 하신 것입니다.

하나님의 인내하시고 기다리시는 그 사랑을 묵상하자니 십사오

년 전의 일이 떠올랐습니다. 심신이 심히 번아웃 되어 미국으로 요양 가기 직전 필자가 경험했던 리더로서의 고독한 시간은, 하나님의 고독을 한 티스푼일지라도 공유하기 충분했던 값진 경험이었음을 발견합니다. 군림하는 리더가 아닌, 사랑하고 존중하고 솔선수범으로 짐을 져주는 조직의 리더를 자처했었습니다. 그런데 시작한 지 2년도 못 돼 지독한 삶의 번아웃을 맞이하고 맙니다. 당시 상황을 찬찬히 복기해 보자니 오직 사랑의 본체인 주의 영으로 충만한 자만이 갈 수 있는 길이었음을 고백하지 않을 수 없습니다. 주의 동행 없이는, 순도 높은 그 사랑의 엔진 없이는, 결코 흉내도 낼 수 없는 것이 섬김의 리더십이요 사랑의 리더십임을 깨닫습니다. 내 뜻 내려놓고 그저 주의 멍에를 함께 메고 주께 배우기 원합니다. 주님이여! 나를 가르치소서!

> "나는 마음이 온유하고 겸손하니 나의 멍에를 메고 내게 배우라 그러면 너희 마음이 쉼을 얻으리라"(마 11:29).

창조에서 구원으로 (사 1:3)

내 부요를 선물하면 돌아봐줄까?
내 계명을 가르치면 돌아와줄까?
내 사랑 지불코 살갗 찢겨 갚으면 알아봐줄까?

실연을 허락했음에
그 아픈 사랑에 대한 배신을 느껴봐다오.
자녀를 선물했음에
내 기쁨과 슬픔과 아픔을 반추해다오.

웃음 걸린 아이의 볼 비빌 때
느껴지는 감동의 이름을 내게 물어봐다오.
갑작스런 죽음의 이별 앞에 설 때
울음 차오르는 분리감의 이름을 내게 물어봐다오.

어둠이 윽박지른 세월 다 탕진하고

노쇠한 육이 서러울
그 때라도
겨울나무 같은 민낯으로 내 앞에 와 물어봐다오.
여지껏 이렇듯 기다리셨냐고?

그 때라도 좋으니
바늘구멍만 한 창 내게 내어 다오.
겨자씨만 한 심령의 텃밭 내게 내어 다오.
내 햇살
비집고 들어갈 수 있게
내 생수
마른 균열 사이로 젖어들 수 있게

사 1:3 소는 그 임자를 알고 나귀는 그 주인의 구유를 알건마는 이스라엘은 알지 못하고 나의 백성은 깨닫지 못하는도다.

한낱 미물도 그 주인을 아는데 오직 인류만 주인을 모르는 듯합니다. 그저 우주의 주인 행세하다가 무지 속으로 소멸되는 안타까운 삶을 사는 듯합니다.

눈 씻고 이 땅을 훑고 훑어도 창조주를 아는 이 하나 없는, 그저 유리하는 자들의 땅을 향한, 창조주 아버지의 마음이 어땠을까? 그분께 속한 보이지 아니하는 것들 곧 그의 영원하신 능력과 신성이 깃든 만물을 보며 하늘을 향해 질문해 주기를 얼마나 기다리셨을까? 그리고 드디어 묻고 반응했던 욥, 아브라함으로 인해 얼마나 기쁘셨을까?

하늘의 영원한 부요함을 알려주시려 부를 증거 삼아 거부의 복을 주시며 "나야 나! 너희 생명의 아버지야!" 하시며 강보에 싸인 독자를 보듯 하지 않으셨을까? 드디어 하나님 백성을 이루시사 계명을 선물하고 아버지의 사랑과 성품을 알리시며, 광야에서 포도를 만남같이 꿀 떨어지는 기대의 시선을 집중치 않으셨을까? 급기야 그 사랑이 육을 입고 오셔서 만지고 듣게 하시며 찢겨 죽음으로 그 사랑을 증거하시고, 부활의 능력을 선사하사 하늘의 문을 활짝 여신 아버지! 그리고 하늘 잔치를 준비하는 아버지의 심정! 그 마지막 날의 문이 닫힘을 연기하고 또 연기하시며, 오늘도 기다리시는 탕자의 아버지 마음을 헤아려 봅니다.

그러므로 인생에서 맞닥뜨리는 모든 것이 우연이 아님을 압니다. 당연히 인생의 어느 시간의 모서리 한 조각도 낭비되어질 수 없음을 압니다. 인생들이 조우하는 모든 사건과 사고와 풍파 속에서 합력하여 선을 이루실 길을 살피시는 아버지, 감각되는 크고 작은 오감의 감격 속에서 계시의 여지를 찾으시는 아버지, 숱하게 변덕스럽고 강퍅한 굽이굽이 마음 길을 살피사 아버지의 나라와 연결될 톨게이트를 만드시는 아버지의 그 열심이 개입하고 있기 때문입니다. 인생의 마지막 순간까지도 결코 포기치 않으시는 그 사랑을 깨닫게 되니 겨울나무 같은 인생의 노년마저도 도리어 은총임에 머리 숙여 감사를 올리게 됩니다. 포기치 않는 우리 아버지의 그 사랑 앞에!

구약과 신약 (마 1:1)

내 주의 그림자 좇아 산 넘고 물 넘었습니다.
고도의 옛길 따라
돌무더기 징계 넘어
천둥 치는 밤의 고독 지나도록
짐짓 멈출 수가 없었습니다.
내 주의 옷자락 보일세라…

아브라함과 다윗의 자손 예수 그리스도의 세계라. (마 1:1)
드디어!
내 주의 육성 보이기 시작합니다!

"심령이 가난한 자는 복이 있나니…"
보혈빛 글씨 따라 조명 켜지듯 음성이 보입니다.
그 따스한 목소리 따라 참았던 눈물도 와락 이어 나옵니다.

그림자 뒤 맺힌 그리움 따라
찐한 하이라이트 줄 쳐 빽빽히 빛을 밝힙니다.

내 주여~
말씀이 육신이 되신 나의 주여~

아낌없이 전부를 주신
아낌없이 사랑해 주신
쓴나물 같으나 달콤하기 그지없는
주의 살로 나의 빈 잔을 채우소서.

나의 살에 주의 말씀 꾹꾹 담아내소서.
나의 소망 한가운데 영원히 영원토록 거하소서.

마 1:1 아브라함과 다윗의 자손 예수 그리스도의 세계라.

성경을 읽을 때 대부분 쉬운 신약부터 시작합니다. 오랜 신앙생활을 해 오신 분들마저도 구약은 설교 때 나오는 구절만 잠깐 접할 뿐 늘 사랑과 용서와 격려를 주시는 신약을 줄곧 선호하십니다.
저도 신약에 집중해 있을 때는 신약이 이토록 장엄하며 웅장하며 감각적인 줄 몰랐었습니다. 구약이라는 예측할 수 없는 험한 산맥 따라 손전등 밝혀 굽이굽이 넘듯 통독한 이후에 접하는 신약의 맛이란 그야말로 울음 터지는 급조우같다고나 할까요? 말씀이 육신 되어 우리 곁에 오신 예수님과 살을 맞대는 접촉 같다고나 할까요?

  요즘은 말씀을 성경 앱이나 영상 또는 읽어주는 성경을 통해 접하는 비율이 급속히 늘었지만, 성경을 책으로 마주한다면 주님과의 이 대면의 경이는 더욱 특별해집니다. 예수님의 직접화법 구절이 빨간색으로 표시돼 있기 때문에 귓가에 심포니를 타고 임한 음성처럼 들리더라고요. 주님의 그 물소리 같은 육성 따라 복음서의 구절구절 모두를 하이라이트 치며 그 주옥같은 음성들에 그리움과 반가움을 쏟으며 절로 터져 나왔던 묵상시입니다.

주의 기도 I (요 1:1, 14)

1
나의 아버지여
가시와 엉겅퀴 빽빽한 이 땅에
발 디딜 곳 찾기 참으로 힘들었사옵니다.
칙칙한 어둠과 묵은 때와 두꺼운 벽과 장애물 가득한 이 땅에
마음 던질 곳 찾기 참으로 힘들었사옵니다.

그러나
아버지께서 입히신 피부의 경이는
심히 다양하며 다채롭습니다.

도화선 끝에서 스파크가 일어나듯
살 끝에서 터지는 감각은 가히 신비롭습니다.
가슴에서 샘솟는 사랑의 화약고가 살갗에 이르를 때 폭발적입니다.
심중에서 솟구치는 아픔의 눈물샘이 방울져 살갗에 떨궈질 때 파

격적입니다.

저들은
아버지의 이 선물의 귀함을 모르는 듯합니다.
그저 살 끝에서 전해오는 느낌에만 삶의 성패를 두는 듯합니다.
부드러운 감촉, 따스한 접촉, 배부른 장부에만
영혼을 거는 듯합니다.
여린 가지 끝까지 공급되는 생명과 사랑의 원천에
관심이 없는 듯합니다.

오물 가득 틀어 막힌 삶이 가엽기 그지없습니다.
가시와 엉겅퀴 매듭진 고통이 가엽기 그지없습니다.
껍질의 감각이 전부인 줄로 개탄해하는 심령이
가엽기 그지없습니다.

2
피부 끝 접촉만 기억하는 그들을 직접 만지기 시작했나이다.
눈을, 귀를, 손을 만져
보고, 듣고, 일어나게 하였나이다.
보고 듣고 일어나 고침받으니 즐거이 떠나는 이가 더 많더이다.
열 문둥병자가 고침 받았으나 아홉은 돌아오지 않더이다.

한 영혼 한 영혼과의 접촉이 귀하기에 각기 다른 접촉으로 조우
하고자 했나이다.

수많은 인파가 내 옷자락에 부딪힐 때
진심 깃든 여인의 손자락 하나 발견했나이다.
무리에 들어올 수 없는 혈루병 여인이 사색되어 불려 나아왔나이다.
율법 위에 생명이 있음을
신념 위에 앎의 관계가 있음을
이름을 아는 목자의 그 음성과 마주한 한 심령 건져올렸나이다.
그 여인의 중심 깊은 곳이 믿음의 터로 다져져
더욱 교제킬 바라나이다.

갈망 깃든 수로보니아게 여인의 간구가 들렸나이다.
어찌 냉혹한 현실의 이방 여인에게
그토록 밀도 있는 믿음이 충만한지 놀라왔나이다.
굳건한 믿음은 냉혹한 질문을 뚫어내기에
이를 드러내기로 작정하였나이다.
"자녀의 떡을 개에게 줌이 마땅치 않도다!"
그녀의 다부진 믿음은 던진 관계의 줄을 타고
어김없이 올라왔나이다.
"개들도 상 아래 부스러기를 먹나이다!"
지극한 겸손이 기대를 타고 피워 낸 그 여인의 믿음을 기억하소서.
그 아름다운 이방 여인을 더욱 축복의 뜰로 인도하소서.

3

죽음 후 생명이 있음을 보이려 주검을 만져 일어나도록 명했나이다.
그들을 사로잡고 있는 귀신에게 명하여 쫓겨나게 했나이다.
그리고 그들이 이 육적 현상에 매몰되지 않길 바랬나이다.

그들이 영적 생명으로 거듭나길 진정 원했나이다.

나의 아버지여
나와의 접촉이 한낱 해결책으로 끝나지 않기를
친밀함으로 나아오지 못한 채 한낱 신념에 갇히지 않기를
거듭난 생명으로 피어나지 못한 채 한낱 화석으로 남지 않기를
상한 중심을 토하지 못한 채 한낱 외식 안에 함몰되지 않기를
사랑을 배신의 입맞춤으로 바꾸지 않기를
분별을 정죄의 칼로 바꾸지 않기를
가장한 천사에 속지 않기를

간절히 바라고 기도하옵나이다.

요 1:1, 14 태초에 말씀이 계시니라…말씀이 육신이 되어 우리 가운데 거하시매

태초부터 말씀으로 존재하신 영이신 하나님이, 보이는 형상의 육을 입고 이 땅에 오셨습니다! 한 티끌만큼의 더러움도 탈 수 없는 거룩하신 분이, 한 톨의 거룩도 남아 나지 않은 오물 천지인 어둠의 땅으로! 그 당혹스러움과 고통스러움의 첫 발을 디디셨을 성육신의 그리스도께서 삼위일체의 아버지 하나님께 어떤 기도의 편지를 올리셨을지 묵상해 봅니다.

영이신 무소부재의 하나님이 스스로 피조물의 육 속에 갇히어 느

끼셨을 한계, 그리고 새롭게 감각되었을 피부로의 소통! 그 감각 속에서 한 영혼, 한 영혼과의 접촉을 시도하시며 각 육체가 대면하고 있는 난관을 뚫고 인격적 관계를 열곤 하십니다.

이어 복음서의 사건들이 일련의 영화처럼 지나가며 그분의 마음이 자막 처리되는 듯한 감동이 있었습니다. 고침받은 열 문둥병자 (눅 17:17), 주님 옷자락 만진 혈루병 여인(눅 8:47), 야멸찬 냉대를 뚫어낸 수로보니게 여인(마 15:27), 거라사의 군대 귀신 들렸던 자(막 5:8), 주검에서 일어난 나사로(요 11:43) 이야기…

예수님을 왕으로 삼으면 잘 먹고 잘 살 듯하여 벌떼처럼 몰려드는 군중들의 의도를 아셨기에 베푸신 기적들을 사람들에게 알리지 말라 하십니다. 그리고 하나님 나라의 복음이 그 깊은 육체의 중심까지 침투되길 바라시며 각 육체의 스토리 속으로 걸어 들어가십니다. 12년간 혈루병 앓은 여인이 그 부정함으로 인해 철저히 공동체에서 격리돼야 했던 율법을 깨고 군중 속 주의 옷자락 만졌을 때, 도리어 이를 폭로함으로 자유하게 하십니다. 치유만이 삶의 목적이었던 그녀를 불러 주님과의 인격적 만남과 교제의 광장으로 불러내십니다. 이방 여인 수로보니게 여인에게도 도발적 질문을 던지시면서까지 그녀의 중심에 자리해 있던 밀도 있는 믿음과 겸손을 수면위로 드러내십니다. 그리고 축복의 광장으로 불러내십니다. 신앙은 신념이 아닌 그리스도와의 관계이기에 치유의 처방들도 만난 이마다 매번 달랐으며 마주한 영혼의 상황에 따라 독특했던 듯싶습니다.

육의 문제가 해결되고 치유되는 것은 그리스도와 조우하는 한 접촉점일 뿐 그분과의 깊은 교제 속에서 영이 눈을 뜨고 생명이 거듭남을 입어 영원한 그의 나라 안으로 초대되는 것을 바라십니다. 오늘도 여전히 고대하시는 그 친밀감의 부흥이 각 성도님들 안에서 일어나길 축원합니다.

주의 기도 II (마 10:16)

나의 아버지여
아버지께서 나를 보냄 같이 내가 저희를 보내오니
저희를 보냄이 이리 가운데 양을 보냄과 같으니이다.
이리의 숨겨진 발톱을 볼 수 있는 눈을 열어 주시고
양의 탈을 분별할 수 있는 지혜를 허락하소서.

미혹의 골짜기를 지날지라도
적의 목전에서 상을 베푸시사
구원의 투구 쓰신 내 아버지 장막에서 뿔나팔을 불게 하소서.

나의 아버지여
아버지께서 나를 보냄 같이 내가 저희를 보내오니
저희를 보냄이 정글 가운데 비둘기를 보냄 같으니이다.
뱀을 만날지라도 그들의 지략이 도리어 부끄럽게 하시고
오직 한 곳만 바라보는 순결한 시선이 매 앞을 비껴 나르게 하소서.

혼란의 숲을 지날지라도
지혜의 빛으로 함께 하사
정오의 빛처럼 올곧게 아버지의 집만 향해 날게 하소서

나의 아버지여
아버지께서 나를 보냄 같이 내가 저희를 보내오니
저희를 보냄이 암탉이 병아리 무리를 떠남과 같으니이다.
암탉의 깃보다 큰 보혜사를 보내사 보호의 날개로 덮으시고
암탉보다 큰 아버지의 사랑으로 저들의 모든 발자국 위에 임하소서.

우겨싸움의 뜰을 지날지라도
임마누엘의 평강으로 함께 하사
위로부터 입혀 주신 찬양의 옷 입고 희락의 날개 돋게 하소서.

나의 아버지여
세상이 나를 미워함 같이
저들을 미워할지라도
환란마저 즐거워하는 소망의 믿음으로
도리어 하늘의 상을 즐거이 쌓게 하소서.
악에 빠지지 않도록 눈동자처럼 지키시고
시시때때로 피할 길을 내시사
마땅히 견딜 십자가만 허락하소서.

나의 아버지여
나는 떠나가옵고

저들을 떠남이 이리 가운데 양을 둠 같으나
저들을 아버지의 실수치 않는 크신 손에 맡기옵니다.
나의 완전하신 아버지께 맡기옵니다.

마 10:16 보라 내가 너희를 보냄이 양을 이리 가운데 보냄과 같도다.
그러므로 너희는 뱀같이 지혜롭고 비둘기같이 순결하라.

예수께서 잡히시기 직전 하나님께 드리는 기도, 요한복음 17장은 필자가 가장 사랑하는 장 중의 하나입니다. 이 땅에 남을 사랑하는 제자들을 올려드리는 이 기도장을 대할 때마다 주님의 눈물 섞인 따스한 음성이 육성처럼 다가옵니다. "아버지께서 나를 세상에 보내신 것같이 나도 저희를 세상에 보내었고…나는 세상에 더 있지 아니하오나 저희는 세상에 있사옵고…나는 아버지께로 가옵나니 거룩하신 아버지여 내게 주신 아버지의 이름으로 저희를 보전하사 우리와 같이 저희도 하나 되게 하옵소서…."

일찍이 열두 제자를 파송하시면서 제자들을 향한 애잔한 마음을, 양이 이리 가운데 보냄과 같다고 표현하시며 지혜로울 것과 순결할 것을 당부하셨습니다. 그리고 그 비결은 오직 주 안에서 하나 되는 것임을 주의 기도 속에서 알게 하십니다. 주님과의 연합, 주 안에서의 연합, 그것을 위해 그때도 지금도 여전히 하나님 우편에서 중보하고 계시는 우리 주님만 의지하여 이 전쟁과 같은 삶을 지혜와 순결로 승리해 내시길 축복합니다.

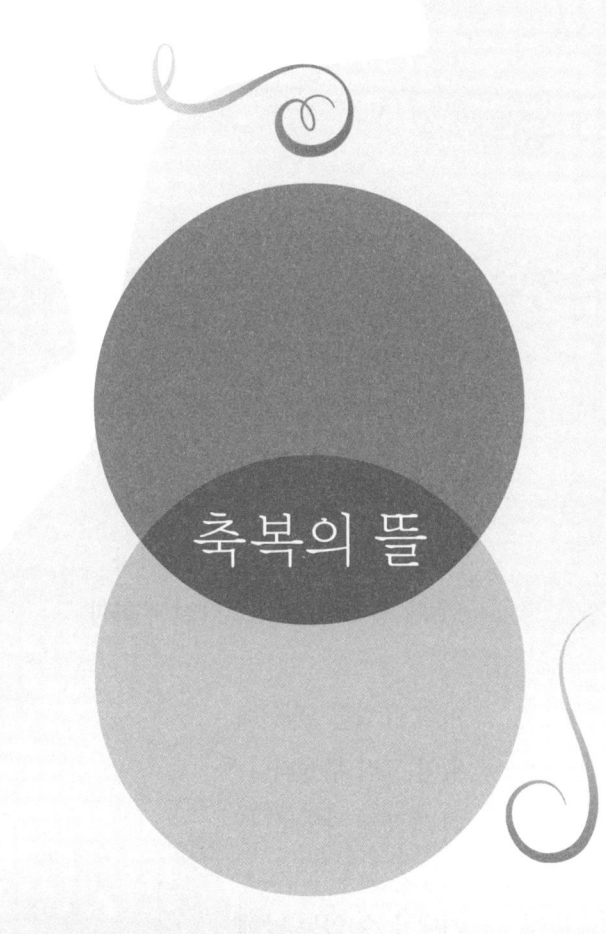

축복의 뜰

첫 열매 (막 11:12-17)

너희 열조 보기를
무화과나무에서 처음 맺힌 첫 열매를 봄같이 하였거늘…
〈호세아 9:10〉

3월에 잎을 내는 야곱의 무화과
5월에 열매 맺는 이스라엘 무화과

아직 유월절 4월인데
잎이 그리 무성터니
첫 열매를 맺었구나!

기대할 수 없는 날에
소망할 수 없는 때에
작고 수줍도록 뽕긋 얼굴을 내민
나의 사랑스런 첫 열매여~

첫 열매는 다 내게 다오.
배고픈 나그네가 따 먹을 수 있게
알찬 열매 기약할 거름도 만들어주게

첫 열매는 다 내게 다오.
못난 것 취하는 어미에게로
상속의 약속 풍성한 아비에게로

마가복음 11장엔 저주받은 무화과나무 이야기가 나옵니다. 예수께서 베다니로부터 예루살렘 성으로 가시는 길에 시장하셔서 잎이 무성한 무화과나무에 열매가 있나 봤는데 열매가 없다고 저주하시는 대목으로 시작됩니다. 배고프시다는 이유로 아직 열매 맺을 때도 아닌 무화과나무에게 화풀이하는 예수님? 너무 어이없고 이해 안 가는 난제 구절이었습니다.

그런데 호세아 9장을 읽다가 전율이 느껴지고, 무화과의 특성을 찾아보다 눈물 흘리게 하셨습니다. 무화과나무는 성경의 신구약 모두에서 이스라엘을 상징하며(호 9:10; 렘 24:5; 미 4:4; 마 21:18-20; 눅 13:6-9), 잎이 다 나기 전에 열매 맺기도 하는 특이한 식물입니다. 따라서 일반적으로 팔레스타인 지역의 무화과는 3-4월경에 잎을 내서 5-6월경부터 열매를 맺습니다만 간혹 3-4월에 열매를 맺기도 하는 경우가 있는데 그런 경우의 나무는 일찍 잎들이 무성해진다 합니다. 물론 그 첫 열매는 작고 보잘것없어 상품 가치가 떨어지기에 배고픈 나그네들이 따먹도록 배려하거나 또는 미리 따서 더 큰 열매가 열리도록 유도한다 합니다.

마가복음 11장을 자세히 들여다보자면 신기한 구조를 발견할 수 있고 정확히 예수님의 중심 의도가 파악됩니다. 그 유명한 예수님의 성전 척결 사건(성전의 장사치들의 집기를 채찍으로 뒤엎음)이 이 무화과 저주 사건 중간에 위치하고 있음이 관찰됩니다. 이것은 신학적으로 샌드위치 기법이라 하며 마가가 주로 사용했던 기술 방법입니다. 즉 중심 사건인 성전의 부패와 타락을 강조하고자 이를 반영할 수 있는 상징적 사건을 앞뒤로 배치해 부연 설명하는 것이지요. 즉 무화과 첫 열매는 하나님의 백성으로서 첫 열매를 상징하며 기대와 희망을 포괄하고 있는데 도리어 부패하고 타락하여 형식과 외식만 무성한 열매 없는 백성으로 전락함을 탄식하신 것입니다. 그리고 그 결과 말라버린 무화과나무를 시각적으로 조명하심으로 권고하고 계시는 것이지요.

하나님 나라를 시작하시고자 출애굽 시킨 후 이스라엘 백성과 함께 광야를 통과하실 때 하나님의 장자됨 바 된 그들을 향한 사랑이 얼마나 지극하셨는지 호세아 9장 10절을 통해 애절하게 감각되었습니다. "너희 열조 보기를 무화과나무에서 처음 맺힌 첫 열매를 봄같이 하였거늘…"(호 9:10). 따라서 주께서 잎이 무성한 무화과나무 곁을 지나며 기대하셨을 기쁨과 애정의 기대선 상에 함께 서서 묵상에 임하자, 이 시가 흘러나왔습니다.

그리고 '모든 첫 열매와 장자는 내게 속한 것'이라며 바치기를 명하셨던 그 율법 안에 담긴 진짜 사랑과 약속을 읽을 수 있었습니다. 볼품없는 첫 열매를 바치라 하심이 결코 착취가 아니었음을…, 이는 곧 좋은 것 남겨 자식들 주고 못난 것만 취하길 즐기는 어미의 사랑이요, 장자를 향한 아비의 광대하신 상속과 부요함의 약속이었음을요!

소자의 복 (눅 6:20)

위용을 자랑하는 세상 덩치
소리내기마저 미미하여 숨죽여 살아야 했던 소자

지식의 바벨탑 향해 쌓이는 숙제더미
두렵기마저 하여 잠 속으로 숨어들 수밖에 없었던 압박

이름 걸어 자랑하는 글로벌사회
입 뻥긋하기조차 유약하고 힘겨운 고아처럼 과부처럼 나그네처럼

명성을 자랑하는 바리새인의 탑
유리천정 같은 단절과 권위 앞 쩔쩔매야 했던 몰이해

가난과 결핍과 유약과 무시당함이 내게 유익이라
무엇을 주고도 얻을 수 없는 가난한 심령 얻었음에
무엇을 주고도 마주할 수 없는 은혜의 광채 마주했음에

무엇을 주고도 바꿀 수 없는 소자를 향한 지극한 사랑받았음에

가난했기에
결핍됐기에
심히 유약했기에
그저 무시당했기에

진정 행복했나이다.
진정 주의 나라를 누리니이다.

눅 6:20 가난한 자는 복이 있나니 하나님의 나라가 저희 것임이요.

주변에서 비춰지는 필자의 모습이, 부러울 만큼 부족함 없는 자로 보이나 봐요. 모든 것을 가진 것처럼요. 주의 충만한 은총 받았으니…맞는 말인 듯도 싶고 아닌 듯도 싶어요.
극내향에 극예민, 게다가 착한 아이 신드롬에 갇혀 의견 한마디, 불편감 하나 발산치 못했던 성향의 작은 아이가 짊어졌을 무겁고 무거운 삶과 죄의 무게는 결코 객관화하기 힘든 것 같아요.
현실적으론 아빠의 사업 파산으로 인한 극부유에서 극빈곤의 삶을 그 예민한 중, 고등학생 시절에 걸쳐 보내며 교복 벗은 첫 세대로 엄마의 60년대 유물을 아무렇지 않은 듯 물려 입고 다녀야 했으니까요. 또 부모님과 인척들의 기대였던 수능을 망쳐 지방대에 머물다 보니 훗날 서울대 출신 속에서 많은 인맥/학맥의 결핍과, 서러운 대

우와, 편견에, 울음을 토해야 했구요. 그 이후에도 사회적, 영적 질서라는 많은 권위들 앞에서 참 가치를 느낄 줄 아는 자로서 견뎌야 하는 억압과 억울함과 몰이해의 바닥을 기면서 소자의 어떠함을 경험키에 충분했던 거 같아요.

그럼에도 그 지독한 삶의 프레스가 주는 압력 아래에서도 깨지지 못했던 질긴 자아! 모든 건강 다 부서져 숨 쉬기조차 불가능한 상황, 무겁디 무거운 의무만 남은 폐기 직전의 배터리 같은 삶을 맞닥뜨리고 서야 그제서야 깨어지기 시작합니다.

그런데 바로 그 포인트! 모든 육적 심적 자원이 거덜난 심령만이 마주할 수 있는 바로 그 지점, 무엇을 주고도 살 수 없는 가난과 가난한 심령의 바닥에서만 보이는 은총의 문! 그 가난한 자의 시야에서만 손 뻗어 닿을 수 있는, 그리고 두드릴 수 있는, 아버지 나라로 인해 비로소 주 앞에 긍휼을 입는 자로 일어서게 됩니다. 주만 의지할 밖에 소망이 전무한 한 소자로 주 앞에 세우셨음에, 기필코 어린 아이의 믿음을 소유케 하셨음에, 모든 고난의 여정이 내 영혼에 유익이었음을 고백합니다.

세상의 금수저와 영적 금수저, 매우 좋아 보이며 다들 추구하는 바이나 자칫 독사과가 될 수 있음을 이제는 압니다. 심히 보암직하고 먹음직하나 그 안에 교만과 자만과 특권 의식이라는 독이 있어서 자아가 죽어야만 거듭나는 그 비밀을 깨닫고 체험하는 길이 상당히 멀어질 수 있기 때문이지요.

팔복의 그 첫 번째 복!

가난한 자, 특별히 심령이 가난한 자의 귀한 축복을 움켜쥐시길 축원합니다.

첫 음성 (요 10:27)

무성영화 돌아가듯 소리 없는 세계
적막의 무대 위에 감도는 짙은 어둠
웃는 자도 우는 자도
닿을 수 없는 그림 같은 밤

그들이 갇힌 것인지
내가 갇힌 것인지
진공관 속 격리 같은
무중력 우주에 떠다니는 먼지 같은

존재도
관계도
감정도 전무한
영혼의 사막과 같은 밤

적막의 어둠을 뚫고 임한 한 줄기 빛
귓가에 트이는 한 진폭의 파장
가슴에 포개진 한 포기 울림

감정인지
관계인지
언어인지 모를 한 무더기의 떨림

살갗을 관통하는 전류 같으나
영의 눈을 뜨이는 생명의 빛 같으나
전기도 소리도 광선도 아닌
영의 낮과 같은 열림의 총성

그 첫 음성!
"내가 너를 사랑한단다."

요 10:27 양은 내 음성을 들으며 나는 저희를 알며 저희는 나를 따르느니라.

우리가 인생을 표현할 때 종종 BC(예수님 알기 전)와 AD(예수님 영접 후)로 표현합니다. 필자 의견엔 우리의 신앙 여정 중에도 이와 같은 확연한 분기점이 있는데 그것은 예수님의 음성을 듣기 전과 들은 후라 여겨집니다. 그리고 그 차이가 말할 수 없이 큰 신앙의 질 차이를 가져오게 되는데 그 이유는, 그저 율법과 유사한(DO & DO NOT) 신념에 기초한 팍팍한 의지적 삶으로부터 벗어나 능력이 샘솟고 공급되어 자유함의 날개를 달기 때문이라 봅니다.

　어느 날 딸아이가 보내준 영상을 보면서 마치 그 큰 갭의 차이가 이와 같을 것이라며 감동한 적이 있어 지면 하단에 QR로 옮겨봅니다. 선천적 청각 장애를 가진 아이들에게 인공 고막 또는 보청기를 끼워 듣게 했을 때의 반응에 대한 기록인데 사람이 존재론적으로 얼마나 관계의 동물이며 그 관계적 교류가 들음에서 시작되는지 읽혀지는 귀한 영상입니다.
　영적 귀머거리 된 우리 인류 또한 존재적 기쁨의 근원을 과연 어디서 찾아야 할지 상고케 해 준 이 영상의 감흥이 시가 되었습니다. 그리고 주님의 음성으로 인해 자유함의 복을 누리게 되었던 카이로스의 시점들이 스쳐갑니다.
　애정 결핍과 인정 욕구에서 벗어나게 해 주신 첫 음성, "내가 너를 사랑하단다!"
　지독한 자기 연민으로부터 탈출케 하신, "심히… 불쌍한지고!"
　그리고 수없이 들려주신 음성을 적어 내리며 문학에 대한 열등감에서 벗어날 수 있었던 시점들….

사람의 영혼 안에는 우주의 크기로도 메워지지 않는 큰 구멍이 있다지요? 오직 주님의 사랑의 크기라야 채울 수 있는 그 공허와 존엄의 공백 안으로 침노하신 사랑의 본체! 그 본체가 음성을 타고 내 살갗에 임하고서야 비로소 사람에게 기대하지 않을 수 있었고, 용서할 수 있었고, 불쌍히 여길 수 있었고 도리어 환란을 즐거워할 수 있는 자유함이 생기더라구요.

사랑의 근원이신 능력자께 닿아 있는 관계의 기쁨! 그 친밀감 안으로의 주의 초대를 넉넉히 누리셨으면 합니다.

고라 자손의 반면교사 (민 16장; 시 42, 45, 84)

1
고라 자손의 마스길
하나님이여~
사슴이 시냇물을 찾기에 갈급함같이
내 영혼이 주를 찾기에 갈급하나이다.

내가 어느 때 나아가서
영존하시는 하나님을 뵈올꼬?
내 눈물이 주야로 내 음식이 되었도다.

그날의 상흔이 나를 짓눌러
밤이고 낮이고 나로 애곡케 하나이다.
내 아비와 내 어미와 내 친족과 내 친구들의 해 같던 얼굴이
짙은 경악과 함께 입 벌린 땅 속으로
진노의 소리 속으로 삼킴 당하였나이다.

내 눈앞에서
내 발 앞에서
내 심장 앞에서
그렇게 끊어졌나이다.

남은 날들이 나를 결박해
밤이고 낮이고 나로 숨게 하나이다.
아론의 싹난 지팡이 앞에서 증명된
저주받은 자리의 주인이라고…
전능자, 지존자, 창조자께 대적한 아비의 소생이라고…
주 앞에 나아갈 수도
주 앞에서 물러설 수도
축복을 바랄 수도
축복을 구할 수도 없는
그렇게 벼랑 끝에 매달린 삶

내 속에 내가 나를 윽박질러
밤이고 낮이고 나로 억울함마저 토하게 하나이다.
지혜 공의 평등 자유의 여호와께서 어찌 나를 대적하시나이까?
아비 고라의 성실과 충성과 공평의 지식이
당신께로 온 것이 아니니이까?
이 치열한 내면의 전쟁
이 치열한 순종의 결단
이 치열한 자아의 죽음
이렇게 죽어도 죽었어도 버티는 뿌리의 질김을 목도하나이다.

2

내 속에 새로운 마음 피어나
밤이고 낮이고 내 주를 찬양케 하나이다.
눈물 골짜기에 보내신 이른 비와 많은 샘이 날 소생시키나이다.
입술이 열려 찬송하니 시온의 대로가 열리나이다.

왕의 진리
왕의 온유와 공의
왕의 영화와 위엄이시여~
주의 궁정에서의 한 날이 악인 장막에서의 천 날보다 나으니
왕의 문지기로 있음이 심히 좋사옵니다.

시 42:1 하나님이여 사슴이 시냇물을 찾기에 갈급함 같이 내 영혼이 주를 찾기에 갈급하나이다.

'갈급함' 하면 떠오르는 이 유명 시편의 저자가 당연히 다윗일 거란 예상을 뒤집고 '고라 자손의 마스길(교훈시)'이란 제목을 보면서 화들짝 놀랐습니다.

고라가 누구인가?(민 16장 참조) 레위 지파의 수장이었던 자로 모세의 리더십에 반역을 꾀하다 땅이 입을 벌리게 하심으로 그 모든 측근과 함께 순식간에 몰살당했던 현장의 주동자가 아닌가?

그때 그 가문의 모두가 멸절당한 줄 알았는데 민수기 26장 11절에 살아남은 아들이 있었다 하십니다. 그렇다면 그 남겨진 아들의

이후 삶은 어땠을까요? 아비와 일가친척과 친구와 자기 장막이 다 무너져 생매장당한 현장의 생존자로서의 정신적 트라우마뿐 아니라 혈육도 집도 옷 한 벌 남지 않은 삶의 터전을 몽땅 잃어버린 그 황망함! 그리고 그보다 더욱 견디기 힘들었을 공동체에서 찍혀버린 반역의 가문이라는 수치!

더욱이 그들을 대적했던 대상은 백성들과 모세뿐이 아니었습니다. 전능자 하나님이셨습니다. 하나님의 택하심으로 세워진 그 공동체에서 감히 복의 근원 되신 하나님의 징계를 받고 저주받은 상태이니 축복을 꿈이나 꿀 수 있었을까요? 복을 바랄 수도, 얻을 수도 없는 그 소망 없는 벼랑 끝 절망이 상상되실까요? 망연자실 외엔 떠오르는 답이 없어집니다.

그뿐만 아니라 유추해 볼 수 있는 그들의 또 다른 고통이 있습니다. 그들 내면에 물려받아 축적돼 있는 반역적 기질과의 싸움, 즉 자아와의 싸움이었을 것입니다. 곧 가정 공동체를 타고 흐르는 사단의 진과 싸워야 했을 내면 전쟁의 치열함 말입니다. 고라가 어떤 자였습니까? 화로에 불을 담아 하나님 앞에 당당히 서서 모세 대신 선택 받기를 기대했던 인물 아닙니까? 반역적 기질뿐만 아니라 자신이 자격 있다는 오만함과 교만 그리고 그것이 공의라고 진정 여겼던 자기 의가 매우 높았던 인물입니다. 아마 매우 성실히 열정적으로 일과 성취를 달성했던 자였을 겁니다. 그 기질과 방식은 당연히 자녀들에게 유전되었을 것이고 한편으로는 추앙받거나 존경도 받았을 것입니다. 그러니 그 내면의 기질들을 다 뽑아내야 했을 영적 전쟁의 시간들은 또 얼마나 치열했을까요?

그러나 그는 삶과 심령이 파산된 자에서 시온의 대로를 찾는 순례의 길을 이어 갑니다 (시 84편). 그 눈물의 골짜기를 넘고 넘으며 고통을 디딤돌 삼아 그 누구보다 갈망하고 사모하는 사슴이 되었고 오랜 질고의 세월 끝에 성전의 찬양가로 가문을 일으켜 세웁니다. 심령이 파산된 자에서 예배를 리드하는 자로!

더욱이, 왕의 결혼식 때 불려졌을 법한 시편 45편을 보면 아가서의 감흥을 뛰어넘는 고라 자손의 영성을 엿볼 수 있습니다. 왕 되신 그리스도와 신부 된 교회의 연합을 예표하는 듯한 영감적 계시 말입니다.

눈물의 골짜기를 통과한 자에게 예비된 복과 계시! (3권 《글로리》 p.101, '고난의 이유' 참조) 이 복을 위해 하나님께서는 우리에게도 지금의 고난과 고통을 허락하신다 믿습니다. 혹 심령이 파산된 자의 트랙 위에 오르신 분 계십니까? 주께서 사랑하시는 그분들께 심령이 파산된 자에게 임할 숨겨진 크신 축복을 전합니다.

지란지교의 꿈 (엡 2:21-23)

저마다 빽빽대는 각자의 목소리
A! 그 절대음의 피치
저마다의 스토리를 멈추고 귀 끝으로의 튜닝
A! 음색은 다르나 높이는 한가지라.
저마다의 삶은 다양하나
바라봄은 한가지로다~

각 파트마다 소란스런 각자의 음색
마이너! 그 곡조의 떨림
각 파트마다 흥겹던 선율 끊어 쉼표로의 멈춤
마이너! 곡조는 다르나 조바꿈은 한방향이라.
저마다의 진동수는 고유하나
동행은 한방향이로다~

각자의 음표 따라 앞서거니 뒷서거니

콘체르토! 그 악상의 질서
소절마다 뽐내던 소리 멈춰 따르는 하모니
콘체르토! 악장은 화려하나 화성은 하나라.
저마다의 역할은 다르나
지휘는 하나로다~

주의 지체 된 교회!
지초가 난초를 만난 교회
지란지교를 이루는 교회

엡 2:21-23 그(그리스도)의 안에서 건물마다 서로 연결하여 주 안에서 성전이 되어가고 너희도 성령 안에서…함께 지어져 가느니라.

월광교회 안에 귀한 친구가 있습니다. 20여 년 전 월광에 처음 왔을 때 교회학교에서 만난 동갑내기인데 MBTI에 의하면 정반대의 성향을 소유한 친구입니다. 역시나 기질이 정반대이다 보니 부러운 부분도 있고 이해 못 할 부분도 있었습니다. 어쨌거나 그 친구의 외향적이며 주도적이고 거침없는 행보가 부럽지만 조심스럽기도 했고 깊이 친해지기에 다소 거리감이 있었던 터에 미국에 요양 가 있었던 세월과 코로나 기간들로 인해 그닥 친밀함을 이어오진 못했습니다.

어느덧 서로의 삶에 닥친 고난과 광풍 속에서 각자가 다스림을 받은 세월이 지난 후 사역 현장에서 다시 만난 그 친구! 급기야 지란지교의 우정을 쌓게 됩니다. 참으로 경이로운 일이었습니다. 그토록 기질과 성향이 다른데…. 여전히 근본 기질은 상당히 달라 보임에도 불구하고 어떻게 이토록 일치된 시야와 같은 감격 포인트와 유사한 분별력을 가질 수 있을까? 내 마음의 기쁨이 동일하게 발견되고, 동일한 푯대를 향하는 아름다운 목적이 발견되고, 함께 느끼는 슬픔과 분노도 거울처럼 비쳐올 때 도리어 웃음이 터졌습니다.

말씀의 방향, 말씀의 깃발을 향해 함께 선 자들의 일치감이 어찌나 만족스럽고 감동되는지 그 친구의 날카로운 지적마저 달콤해 더 깊이 마음이 기울어졌습니다. 한 성전으로 함께 지어져 가는 교회의 아름다움! 매우 다르나 매우 일치되는 조화! 마치 서로 다른 고유 진동수의 악기들이 하나의 하모니를 이루는 오케스트라가 떠오른 날 그 사랑스런 친구에게 이 시를 헌사했습니다.

분별의 뜰

요나의 표적 (마 12:39)

1

악하고 음란한 세대가 표적을 구하나
선지자 요나의 표적밖에는 보일 표적이 없느니라 (마 12:39).
주의 성정과 정반대인 요나
주의 마음 떠나 도망한 자
주의 사명 떠나 죽기를 자처한 자
불순종의 아이콘 요나

왜 굳이 요나의 표적 들어 구원자 증거 삼으시나이까?

요나와 구원의 필연성!
사명자의 죽음에 생명 입히기까지
물고기 뱃속 위산으로 고집 녹여
주의 구원의 필연성 성취시킨
주의 구원의 열심 이루신

요나의 표적.

표적은 반응을 낳기에
니느웨의 왕과 백성과 가축들까지 돌아선
베옷의 반응!

2
악하고 음란한 세대가 표적을 구하나
선지자 요나의 표적밖에는 보일 표적이 없느니라〈마 12:39〉.
신의 외아들
아버지의 마음을 공유한 외아들
아버지의 뜻대로 죽기를 자처한 외아들
왕복 벗어 육을 걸치기까지 순종하신 그리스도

발 딛기조차 고역스런 이 지옥의 땅까지 어찌 오셨나이까?

그리스도와 구원의 필연성!
대속자의 죽음에 부활생명 입히시기까지
왕의 권능 내려놓는 순종으로 녹아
주의 구원의 필연성을 성취시킨
불뱀의 사망 권세 이겨 놋뱀 삼으신
십자가의 표적.

표적은 구원을 낳기에
상 아래 부스러기 줍던 이방여인까지 순복한

믿음의 반응!

3
구원의 필연 그리고 반응사이!
악하고 음란한 세대가 표적을 구하나
죽음에 생명 입혀 이루신 요나의 표적밖엔 없느니라.
사망 권세 이겨 부활하신 십자가의 표적 외엔 없느니라.

구원의 필연 그리고 반응사이!
이 악한 세대여
그대는 어드메쯤 서 있느뇨?

마 12:39 악하고 음란한 세대가 표적을 구하나 선지자 요나의 표적밖에는 보일 표적이 없느니라.

예수님의 이 대답을 유도했던 배경은 이렇습니다. 마태복음 12장을 시작하면서 예수의 귀신 쫓아내는 사역에 시비를 거는 바리새인들이 등장합니다. 그들은 예수의 귀신 쫓는 권능이 바알세불에게서 비롯된 것이라며 딴지를 걸자 예수께서 왕국과 왕국 분쟁에 대한 이치를 예로 들어 설명하십니다(1권《이 산지를 내게 주소서》p.96-107 참조).

즉 죄의 노예 되도록 인류를 사로잡았던 공중 권세 잡은 자, 그 사단이 쫓겨나고 메시아를 왕으로 영접한 심령에 이미 하나님의 왕국인 천국이 시작되었음에도 이 왕권 교체를 인정하지 않고 옛 왕인 사단을 따르는 자아가 지속적으로 성령의 역사를 거역한다면 결국 하나님의 나라가 온전히 설 수 있겠느냐는 구원 섭리에 대한 예를요. 그러자 그들 중 몇 사람이 표적을 요구합니다. 그 왕권 교체를 가져온 참 메시아로서의 증거를 보여 달라는 것입니다. 귀신을 쫓아내는 능력만으로는 당신이 메시아라는 납득이 되지 않다는 것이지요. 바로 그때 하신 대답이 요나의 표적입니다.

"악하고 음란한 세대가 표적을 구하나…"(마 12:39).

표적을 구하는 자들의 특징이 뭐라고 하십니까? 악하고 음란하기 때문이랍니다.

하나님의 계명을 사랑하고 말씀을 사모하는 이들은 이미 하나님과 공명의 심령이 형성돼 있기에 예수님의 권고에 회개가 터지고 말씀 속에서 하나님의 임재를 경험할 수밖에 없다는 것입니다. 예수님이 하나님의 아들이라는 사실과, 그분의 권위가 인정되지 않을 수 없다는 것입니다(1권 《이 산지를 내게 주소서》 p. 84-94 참조).

그러나 악하고 세상을 사랑하는 심령, 즉 음란한 심령들은 그 안에서 감동의 공명이 형성되지 않기에 거역이 발동되기 마련인데, 그렇다고 함부로 거부할 수 없는 절대 권위와 마주하고 있기에 증거를 대라며 딴지를 건다는 것이지요.

이에 대해 주께서는 구약에 명시된 메시아로서의 수많은 표적을 증거로 내세울 만함에도 거두절미하시고 선지자 요나의 표적밖에는 보일 표적이 없다고 못 박으십니다. 왜일까요? 도대체 요나의 표적이 주는 그 무엇이 예수님을 참 메시아로서 증거를 제공하는 것일까요?

> "요나가 밤낮 사흘을 뱃속에 있었던 것같이 인자도 밤낮 사흘을 땅속에 있으리라"(마 12:40).

요나가 보여줬던 40절의 표적에 이어 41-42절엔, 이에 온전히 반응했던 열악한 상황의 니느웨 사람들과 땅끝에서 일부러 찾아온 남방 여왕의 믿음을 언급하신 후 뜬금없이 이 모든 상황과 답을 총괄하는 결론의 말씀을 아래와 같이 맺으십니다.

> "더러운 귀신이 사람에게서 나갔을 때에 물 없는 곳으로 다니며 쉬기를 구하되 얻지 못하고 이에 가로되 내가 나온 내 집으로 돌아가리라 하고 와 보니 그 집이 비고 소제 되고 수리되었거늘 이에 가서 저보다 더 악한 귀신 일곱을 데리고 들어가서 거하니 그 사람의 나중 형편이 전보다 더욱 심하게 되느니라 이 악한 세대가 또한 이렇게 되리라"(마 12:43-45).

45절까지 숨죽여 읽다가 소름이 끼쳤습니다. 정확히 이 시대의 심령들을 반영하고 계시는 듯해서요. 십자가 사건 이후 2천 년간 복음은 숱한 열악한 상황에도 불구하고 세계 각지로 뻗어 갔고 성경은 값없이 너무 쉽게 접하는 세상이 되었습니다. 복음을 듣고 반응한 수많은 영혼들의 결단도 오대양 육대주를 휩쓸었습니다.
그런데…
복음을 듣고 사단이 쫓겨 나간 심령들, 비고 소제되고 수리된 심령들 안에 더 악한 세속주의, 물질만능주의, 다원주의, 인본주의, 과

학주의, 뉴에이지, 동성애들로 그 형편이 더욱 나빠졌음을 명백히 목도하는 시대를 맞았으니, 주께서 예언하신 딱 그 세대를 지금 살고 있지 않습니까?

예수께서는 이 땅의 구원을 가져올 메시아로서의 강력하고 유일한 표적, 곧 3일간의 '죽음-장사됨-부활'을 요나의 표적에 비유해 (40절) 선언하셨습니다. 그런데 이것은 단지 죽음을 이긴 부활의 기적, 즉 생물학적 표적만을 얘기하는 게 아님을 곧 눈치챌 수 있었습니다. 그 표적이라는 겉껍질 중심에 자리하고 있는 구원의 주체되신 분의 마음! 그 깊은 의도가 이 생물학적 기적 저변에 깔려 있음을 알아차릴 수 있었습니다. 그 이유는 요나와 예수님의 심경이 매우 상반돼 있다는 사실 때문이었습니다. 하나님의 뜻에 고분고분하지 않았던 성깔 있는 선지자 요나 이야기를 굳이 선하고 아름다우신 인류의 대 구속사적 십자가 사건과 연루시키시고 있기 때문입니다.

예수께서는 기꺼이 육의 옷을 입으시고 손으로 친히 지으신 피조물의 조롱과 학대를 달게 받으시며 지옥으로 찾아 들어와 어둠 속에 장사되지 않으셨습니까? 반면에 요나는 앗수르에 적대감을 가졌기에 그들을 불쌍히 여기지도 않았고 그들이 회개하여 구원받기를 죽도록 싫어했고 심지어 사명을 받고도 불순종으로 도망했던 자입니다. 철저하게 마음의 동기가 상반된 두 사명자의 모습을 한가지로 귀결지으심이 한동안 너무 의아했었습니다. 그러나 묵상을 통해 철저하게 공통된 빌미가 반짝이는 것을 발견합니다.

사명으로부터 도망치다 죽음의 바다에 내던져진 요나! 그럼에도 불구하고 그 죽음의 문턱에서 기필코 건져 내사 전도의 사명과 제사장의 임무를 이루게 하신 그분은 구원의 주체이신 하나님이십니다!

즉, 요나의 표적이란 '죽음'이라는 사단의 사망 권세를 뚫어내시면서까지 하나님의 뜻과 열심이 인류를 향한 구원의 닻을 기필코 내리셔야 했던 복음의 필연성입니다.

그리고 그 죽음을 가로질러 하나님의 권능으로 토해내신 곳이 니느웨였습니다. 사망 권세로부터 사명자를 고래 뱃속에 감추셨다가 전도자로서의 필연을 성취시키신 곳이지요.

요나의 사명 여정과 예수님 여정의 닮은 점이 있다면 바로 이것입니다. 사단은 사명자를 죽이면 구속 역사를 망칠 수 있다고 여겼을 것입니다. 그래서 그토록 살기를 휘둘러 예수님을 죽음으로 몰아갔습니다만(3권 《글로리》 p.119-121 참조), 그 사단의 필사적 사망 권세를 관통시키시면서까지 인류를 향한 구원의 고지에 닿게 하신 하나님의 열심과 구원의 필연성 말입니다.

그 구원의 필연성 앞에 온전히 동의하였기에 순종의 옷을 입고 이 땅에 오신 우리의 왕!

그 어떤 장애물도, 억울함과 조롱도, 사망 권세마저도, 마다 않고 뛰어드신, 한량없는 왕의 크신 사랑! 그리고 그 사랑과 열심이 사망의 어둔 시간을 뚫고 이룬 구원의 표적 앞에 세움 바 된 오늘의 우리!

그런데…

그 절박하고 치열한 대가를 치르시며 구원의 필연 앞에 애지중지 세우신 분의 사랑과 은혜를 입은 자, 곧 우리의 반응은 정작 어떠한지요?

"그 집이 비고 소제되고 수리되었거늘 이에 가서 저보다 더 악한 귀신 일곱을 데리고 들어가서 거하니 그 사람의 나중 형편이 전보다 더욱 심하게 되느니라"(44-45절).

그 깊고도 끈질긴 구원자의 뜨거운 돌격을 경홀히 여기며 값싼 복음으로, 물 탄 진리로 전락시키며 구원의 필연을 위해 온몸 던지신 구원자의 사랑을 만홀히 여기어, 니느웨 사람들과 남방 여왕의 정죄를 받을 만하지는 않은지(42절) 깊이 상고해 보는 은혜가 있길 소망합니다.

인생의 시험 세 가지 (마 4:1-11)

*참조 " " 안, 볼드체는 사단의 목소리

떡도 옷도 집도 변변찮은 인생
결핍의 에워싸임이 옥죄어 올 때
"이 돌들이 떡덩이가 되게 기도하라."

육신의 정욕이여! 잠잠할지어다!
인생이 떡과 옷과 집으로 지어지는 줄 아느냐?
하나님의 입으로 나오는 모든 말씀!
그 말씀의 반석 위에 지어지느니라.

부모도 친구도 가족과도 깊어지는 분별의 골
믿는 이들마저 몰이해와 냉담으로 에워쌀 때
"성전 꼭대기에서 뛰어내리라! 네가 인정받으리라."

교회 안의 왜곡된 은사여! 멈출지어다!
믿음이 능력과 찬사로 지어지는 줄 아느냐?
신음까지 들으시는 내 주의 친밀한 음성!
그 친밀한 음성 위에 지어지느니라.

성취와 성과와 이름이 드러나는 사역
영예의 탑, 칭찬의 높은 곳에 이끌릴 때
"모든 영광과 이름 네게 주리니 내게 경배하라."

사단아! 물러갈지어다!
천국이 탈취된 영광과 이름으로 지어지는 줄 아느냐?
가장 낮은 곳 말구유에 임하신 겸손!
내 주 닮은 그 겸비함 위에 임하느니라.

나를 성전 삼으신
주의 보호하심이 영원하리니
악이 만지지도 못함은
나는 온전히 주의 것이기 때문이라!

마 4:4 예수께서 대답하여 가라사대 기록되었으되 사람이 떡으로만 살 것이 아니요, 하나님의 입으로 나오는 모든 말씀으로 살 것이라 하였느니라.

교회 안에서 기도를 배울 때 구체적으로 원하는 조건을 시시콜콜 여쭈라고 가르치는 경우를 종종 봅니다. 교회뿐 아니라 공인된 유명 기독 방송에서마저 영성을 갖춘 MC나 패널들을 통해 간혹 듣는 멘트입니다. 예를 들어 배우자를 위한 기도를 올릴 때에 키, 직업, 학벌, 신체 조건 등을 다 아뢰라 권면하며 그리하여 응답받은 사례를 침 튀기며 알리는가 하면 헌금이나 십일조로 하나님과 딜 했던 사건이라든가 사업 혹은 경제 상황에 대한 시시콜콜한 목표에 응답받아 번창해졌다는 등등의 얘기들 말이지요. 눈에 보이는 욕구와, 자랑하고 싶은 욕구와, 편리 및 추앙받는 세상 가치에 편승한 욕구들을 하나님 앞에 치대서 관철시키는 게 기도…라? 그러나 말씀은 분명히 명시하고 계십니다. 이들은 세상으로부터 온 것이라고요!

"이는 세상에 있는 모든 것이 육신의 정욕과 안목의 정욕과 이생의 자랑이니 다 아버지께로 좇아온 것이 아니요 세상으로 좇아 온 것이라"(요일 2:16).

유대 기도 관습과 오랜 신앙 전통 속에서 살아온 예수님의 제자들도 그것이 혼란스러웠던 모양입니다. 그래서 주께 기도를 가르쳐 주시라고 여쭙니다. 그리고 주님은 주기도문을 통해 기도를 두 가지로 요약해 주십니다.

첫 번째로는 아버지의 이름과 나라가 이 땅에 이루어지기를! 즉 하나님과 그분의 뜻과 그 나라에 관해 온전히 알 수 있길, 그리하여 그 뜻이 이 땅에 이루어지길 기도하라는 것입니다.

"그러므로 너희는 이렇게 기도하라 하늘에 계신 우리 아버지여 이름이 거룩히 여김을 받으시오며 나라이 임하옵시며 뜻이 하늘에서 이룬 것같이 땅에서도 이루어지이다"(마 6:9-10).

두 번째로는 하나님의 나라가 이루어질 이 땅에 관해 다뤄내야 할 우리의 문제, 즉 일용할 양식과 죄와 시험에 관한 기도입니다.

"오늘날 우리에게 일용할 양식을 주옵시고 우리가 우리에게 죄 지은 자를 사하여 준 것같이 우리 죄를 사하여 주옵시고 우리를 시험에 들게 하지 마옵시고 다만 악에서 구하옵소서"(마 6:11-13).

즉 육을 입은 우리에게 연명할 양식과 함께 궁극적으로 성취되어야 하는, 악으로부터 구함 받는 문제에 관한 기도인데 이 둘(양식과 악)이 죄와 시험이라는 링크로 연결된 듯한 느낌을 줍니다. 그리고 놀랍게도 그 일용할 양식은 하루 분량의 떡이라기보다는 하루분의 영적 양식인 말씀이요 말씀의 은혜임을 온몸으로 설명해 주십니다. 광야에서, 친히 육의 취약함을 입으신 주님은 사단의 시험을 통과하시며 신명기 8장 3절 말씀으로 이 떡의 필요를 이기십니다.

"사람이 떡으로만 살 것 아니요, 하나님의 입에서 나오는 모든 말씀(every word)으로 살 것이라 하였느니라." 여기서 떡이란 단지 음식뿐만이 아닌 이 땅에 살면서 요구되는 모든 물질을 대표하는 대명사와 같습니다. 신의 아들마저도 육의 옷을 입자마자 치고 들어오는 물질의 미혹이 이와 같았을진대 본디 육에 속한 인류의 취약함과 물질 앞의 연약함이란 두말할 나위가 없겠지요? 그러므로 물질을 타고 임하는 시험과 덫이 얼마나 이 땅 가운데 편만한지 조명받고, 악의 올무를 분별하여 이기기 위한 기도가 중심이 되지 않을 수 없음을 다시금 깨닫게 됩니다. 또한 우리가 주님과의 친밀함 안에서 누리고 아뢰는 감출 것 없는 세세하고도 바람직한 소통과, 우리의 원하는 바를 얻어내기 위해 주의 전능하심을 수단 삼는 동기와는 반드시 분별해야 할 사안인 듯합니다.

필자의 삶도 주님이 겪으셨던 이 세 가지 시험을 다 겪어왔음을 이 묵상을 통해 되돌아보는 계기가 되었습니다. 주님의 제자로 세워지는 여정 중 주님이 이미 이겨 주신 이 싸움에, 업혀 통과하는 우리 네 여정들이 진정 복되길 축원합니다.

다윗과 밧세바 시험 (삼하 11:2-6)

*참조 " "안, 볼드체는 하나님의 음성 및 군중들의 환호

1
주께서 다윗을 마음에 합한 자라 하십니까?
그의 왕권을 견고히 하신다구요?
아직 그에게 남은 관문이 있사옵니다.
나로 시험케 하소서.
평안을 무료함으로 바꿔보겠나이다.

부정한 때를 지난 밧세바가
미크바로 씻어 정결해지는 날
다윗에게 무료함을 허락해 보소서.
별것도 아닌 무료함에 그가 넘어지리이다.

"허락하노라! 그러나 그의 몸에 손 댐을 금하노라."

무료한 왕궁 지붕 사이 붙들린 시야
안목의 정욕이여, 그를 사로잡을지어다!
왕의 권한인지 죄성인지 구분할 수 없도록

연유를 모른 채 부름 받아 불려온 밧세바여,
혼란의 영에 사로잡힐지어다!
존경의 순응인지 죄성인지 분간할 수 없도록

죄는 열매를 잉태할지어다.
피의 잔치를 시작할지어다.
주여! 보소서.
당신의 마음에 합한 자의 최악을!

2

우리아의 죽음에 통곡하는 밧세바,
그녀가 죄의 열매와 아픔을 깨달을 수 없도록 막을지어다!
아이의 죽을 병 앞에 눈물의 침상을 띄우는 다윗,
그의 뼈 속 깊은 돌이킴을 막을지어다!
죄가 깊은 곳에 은혜가 깊어짐을 필사적으로 막을지어다.
죄의 자리가 은혜의 열매로 치환됨을 막을지어다.
은혜의 열매가 약속의 성취로 이행됨을 방해할지어다.

밧세바와 다윗!
말씀 안으로 응집된 몰입이 훈육되지 않도록
솔로몬의 귀를 틀어막을지어다.

다윗이 아비삭을 품고 아픔의 시절을 잊도록
따스한 달콤함을 대령할지어다.
속히 아도니아에게 권력의 야망을 불러일으킬지어다.

"솔로몬! 우리의 왕이여! 만세! 만세!!"

주께서 이기셨나이다…
다윗은 당신의 마음에 합한 자임을 인정합니다.

3
다음은…
솔로몬을…허락하시지요?
예비하신 모든 영광과 함께 제게 맡겨 보시지요!

삼하 11:2 저녁때에 다윗이 그 침상에서 일어나 왕궁 지붕 위에서 거닐다가 그곳에서 보니 한 여인이 목욕을 하는데 심히 아름다와 보이는지라.

이스라엘 역사상 메시아에 비유될 만큼의 성군, 다윗 왕에게 치명토록 오명을 입힌 밧세바 사건은 아이러니하게도 하나님의 은혜가 가장 충만했던 태평성대 시절이었습니다. 사무엘하 11장 1절에 보면 암몬과의 전투에 출전할 시간인데 다윗왕은 요압과 그 군대만 내보낸 채 느긋이 예루살렘 성에 남아 있습니다. 이 단서를 통해 순간 '나태'라는 단어가 떠올랐습니다.

초대 교부들이 교회의 지침으로 삼았던 7가지 치명적 죄(음란, 탐욕, 교만, 분노, 시기, 탐식, 나태) 중 하나인 '나태'는 자칫 '평안'이나 '내려놓음'이라는 개념과 혼동될 수 있는데 바로 거기서부터 사단의 계략은 이미 시작되는 듯합니다. 이어 욥을 두고 내기 걸었던 사단의 간사한 참소 장면이 데자뷔를 이룹니다. 그리고 이를 알고도 허락하신 하나님의 구원 섭리와의 사이에서 시작된 줄타기! 이것은 인류 역사상 그 어떤 영혼에게도 배제될 수 없는 신앙 경주 중 필수 코스임을 상고하자니 아마 사단이 다윗을 두고도 하나님께 충분히 이런 내기를 걸었으리란 상상 속으로 들어갑니다.

밧세바에 대한 한정된 정보 때문에 많은 이들이 이 사건의 시발점을 밧세바의 유혹에 두곤 합니다. 왜 의도적인 노천욕으로 착한 다윗을 넘어지게 했냐 하는 것입니다. 그런데 필자의 의견은 다소 다릅니다. 노천욕을 마친 밧세바를 불러들였을 때 불려 온 밧세바의 상태가 부정함을 깨끗하게 한 상태였기에 다윗이 동침했다(4절)는 구절에 이르자 '미크바 의식'이 떠올랐기 때문입니다.

미크바는 정결 의식으로 하늘에서 내리는 자연수(또는 받아 둔 자연수)에 몸을 씻는 의례였기에 그 장소가 아마 왕궁 지붕에서 보이는 자연의 한 곳이었을 것이라 여겨졌습니다. 미크바를 요하는 여건 중 하나인 여성으로서 1주일 정도의 부정한 기간이 끝났기에 온 맘으로 율법을 지켰던 신앙의 여인이었을 듯싶었습니다. 그녀가 보인 남편 우리아에 대한 진정성 있는 애도라든가 또 잠언 31장에 피력한 현숙한 여인상의 모습들 속에서 그녀의 됨됨이를 엿볼 수 있었기 때문입니다. 또한 그녀는 그토록 치명적 죄의 파트너였음에도 불구하고 하나님의 최고 은총인 경건한 후사를 얻는 복을 받습니다. 다윗의 열 번째 아들에 불과했던 솔로몬 왕, 밧세바의 소생인 그가 여디디아(하나님의 사랑을 받는 자)란 이름을 얻도록 신앙 교육 시킨 주체였음을 고려해 볼 때 더욱 그렇습니다.

 다윗 또한 당대에 왕으로서 누렸을 법한 무제한적 권한, 그것으로 인해 무뎌졌을 분별력에, 죄의식이 미처 따라오지 못한 상태로 범죄하게 되었으리란 심증이 들었습니다. 따라서 후에 선지자 나단의 지적에 바로 무릎 꿇었던 "내가 주께만 범죄하여"(시 51:4)란 회개의 깊고 깊은 의미를 알 것 같았습니다. 어쨌거나 그 범죄 상황 가운데서도 율법을 유념했던(부정한 기간에 동침할 수 없다는), 당시로서는 존경해 마지않는 신정국가의 절대권력 앞에, 한 힘없는 존재로 세워진 밧세바의 입장으로선 그저 존경하는 영도자를 향한 일종의 순응이었을 수 있었겠다는 생각이 들었습니다.

 그러자 이 모든 덫을 오묘히 설계하고 치밀하게 유도한 사단의 계략과, 바쁘게 움직였을 그의 패거리들과 추후 솔로몬이 입게 된 영광까지 올무 삼았던, 사단의 집요함이 통찰되기 시작했습니다. 사단의 입장에서 적어 가다 보니 역사가 다른 관점으로 보이는 독특한 은혜를 누리게 되었네요. 필자만의 '스크루테이프의 시'란 부제를 붙여봅니다.

c.f.) 스크루테이프의 편지; C.S.루이스의 편지 스타일 소설로
사단의 입장에서 사단의 전략을 조카 사단에게 교육하는 내용

사단의 마법가루 (막 8:36)

천하보다 귀한 생명
그 생명과 잉태의 숭고함
그 연합의 비밀과 환희
그래서
음란이란 마법의 가루를 뿌린다.

거듭난 생명의 경이
그 해산의 수고와 숭고함
그리스도와 연합의 비밀
그래서
이단이란 마법의 가루를 뿌린다.

생명의 활력과 원동력
그 삶이 지어질 지혜의 집
들음으로 자리잡아 피어오르는 믿음

그래서
펜타닐이란 마법의 가루를 뿌린다.

자극과 반응 사이 짧은 거리
반응이 추격하는 순종의 가속도
순종이 자리잡아 피어나는 그리스도의 향기
그래서
AI라는 마법의 가루를 뿌린다.

주의 형상을 흉물로 몰고 갈
그 마법의 가루들을
주의 영혼을 포로삼을
그 마법의 가루들을.

막 8:36 사람이 만일 온 천하를 얻고도 자기 목숨을 잃으면 무엇이 유익하리요?

   천하보다 귀한 것이 생명임을 사단도 잘 알기에 하나님을 상대로 영혼 쟁탈전을 벌이는 사단의 입장과 전략을 생각해 보신 적이 있으시나요?
   이 귀한 생명은 육체적 생명과 영적 생명으로 나눌 수 있습니다. 육체적 생명은 남편과 아내의 사랑을 통한 하나 됨에 의해, 영적 생명은 말씀(하나님의 영)이 들어와 나의 중심(영혼)과 연합됨을 통해 잉태됩니다. 따라서 사단은 이 귀하고 귀한 사건을 방해하고 오염시키기 위해 육체적으로는 '음란'을, 영적으로는 '이단'이라는 도구를 강력히 휘두르는 것인 듯합니다. 이 통찰의 변(신우인 목사님의 CBS성서학당 강해 중에서, 2007년)에 격렬히 동의했었기에 20여 년이 지난 지금에도 이를 분별의 근간 삼고 있습니다. 게다가 요즘 사회는 더욱 심각한 중독과 AI의 부작용이 심화되는 시대적 악과 마주하고 있습니다. 이 절망적 시대를 바라보며 걱정과 한숨을 주께 올려드릴 때 절로 나온 시인데 사단의 전략을 반영해 본 것입니다.

영적 생명, 즉 말씀(하나님의 영)이 들어와 나의 중심(영혼)과 연합되는 거듭남의 사건이란, 뇌과학적으로 분석해 보면 말씀이라는 자극이 정보체계를 통해 들어와 반응을 끌어내는 길고 짧은 순간들 속에서 그 결과치가 순종이 되고 행위로 확장되는 일련의 과정들을 포함합니다. 이 기전을 사단도 너무 잘 압니다. 따라서 필사적으로 그 회로를 차단하려는 것으로 보입니다. 사고할 수 없도록, 반응할 수 없도록 더 쉽고 강하고 말초적이고 즉각적인 쾌감을 통해 도파민 회로를 망가뜨리는 것입니다. 지금의 현대사회가 얼마나 자신의 감각을 즐겁게 할 각종 중독 행위들을 추구하며 늪과 같이 빠져들고 있는지 모릅니다. 집집마다 전쟁이 아닌 곳이 없습니다. 더욱이 과학의 최첨단에 서 있는 AI기술은 모든 육체적 정신적 작업을 AI에 의존케 해 신의 형상으로서 최고 능력인 사고와 판단과 선택의 힘, 거짓과 진실에 대한 분별의 힘을 빠른 속도로 상실토록 하고 있습니다. 참으로 거짓의 아비인 사단의 영이 활개치는 세계로 통째로 몰아가고 있습니다.

창세기에 나오는 셋의 족보와 가인의 족보를 살펴보면 셋의 족보는 무료할 만큼 "낳았고 낳았고"의 연속입니다. 반면에 가인의 족보는 그럴싸합니다. 기술과 건축과 육축과 예술의 멋진 조상을 이룹니다. 이 대목에서 문명의 이기와 성과 중심의 현대적 삶을 반추해 볼 때 삶의 의미를 어디서 찾아야 할지, 삶의 목적을 어디에 두어야 할지 깊이 상고해야 할 책무가 느껴지는 밤입니다.

유다의 놓친 기회들 (요 13장)

*참조 볼드체는 예수님의 목소리

양날의 지혜를 가진 유다야
나를 따르라
내가 너의 지혜로 진리의 빛을 일구길 원하노라!

양날의 논리를 가진 유다야
내 곁에 머물라
네가 제자의 은혜 입어 공평한 내 사랑을 누리길 원하노라!

"비싼 향유를 가난한 자에게 줌이 옳지 아니하나이까?"
네가 돈궤를 보며 든 생각을 내 앞에 가지고 나오라!
'주께서 스스로 죽으셔야 한다니 이 나라를 구원할 메시아가 아니셨나이까?'
네가 나를 따랐던 동기와 야망을 내 앞에 가지고 나오라!

이미 목욕한 자는 온몸이 깨끗하나 다는 아니니라!
'두루뭉실한 주의 말씀이 늘 힘듭니다. 목욕이 독립과 무슨상관입니까?'

나의 택한 자들을 아노니 내 떡을 먹는 자가 내게 발꿈치를 들었노라!
'택한 자가 다가 아니라니요? 주께서 저흴 제자로 택하시지 않으셨나이까?'

너희 중 하나가 나를 팔리라!
'어찌 아셨지? 참 난감하네…'

내가 한 조각을 찍어다 주는 자가 그니라!
'이미 아신 거 감출 길 없으니… 서둘러 나가야겠다'

조각을 받은 후 곧 사단이 그 속에 들어간지라…
네가 하는 일을 속히 행하라!

요 13:27 조각을 받은 후 곧 사단이 그 속(유다)에 들어간지라.

중학 시절 미션스쿨을 다녔던 필자에게는 소중한 기억이 있습니다. 교목으로부터 복음을 전해 들은 우리들은 간혹 잔디밭에 둘러앉아 성경과 복음에 관한 토론을 하곤 했었습니다. 선생님의 가르침에 대해 무조건 수용적이었던 필자의 기질과 달리, 그 중엔 매우 창의적이고 감히 생각할 수 없는 것을 말하는 한 친구가 있었습니다. 그 아이의 발언은 늘 신비롭고 멋졌습니다. 그 친구의 의견에 의하면 유다는 죄인이 아니라 영웅이 돼야 한다는 논리였습니다. 그리스도의 구원 섭리, 곧 죽으심으로 대속을 이루셔야 하는 그 역사적 사명을 성취시킨 자였기에 그렇다는 것이었습니다.

복음서에 유다 이야기가 나올 때면 그때의 미숙했지만 갈망만은 컸던 시절이 떠오릅니다. 그리고 이제는 하나님의 경륜과 섭리를 읽을 줄 아는 성숙에 이른 시야가 주님의 제자를 향했을 기다림과 아픔도 읽어냅니다. 전지전능하신 하나님의 아들은 유다의 말로를 몰랐을 리 만무함에도 최고의 기회를 선물하십니다. 함께 먹고 마시고 만지고 느낄 수 있는 제자의 자리로 초대하십니다. 게다가 가장 신뢰할 만한 이에게라야 허락되는 돈궤를 맡깁니다. 논리와 공의에 강했던 유다는 악인과 선인 모두에게 진정 공평하신 하나님의 아들로부터 오는 은택을 다 입은 듯합니다.

유다의 중심을 간파하고 계셨을 예수님은 각별히 그 아픈 손가락을 향해 마음을 쓰지 않으셨을까 싶습니다. 예수님의 구속 사역(죽음으로 대속제물이 되셔야 하는)을 실행시킬 악의 도구야 이 악한 땅에 얼마든지 있으매 사랑하는 제자가 굳이 악의 마수를 덥석 잡지 않길 바라며 유독 더 큰 관심과 본을 보이셨지 않았을까 싶습니다. 사랑하는 제자로부터 배신당하는 아픔은 채찍으로 찢김보다 더함을 알고 계셨을 테니까요. 요한복음에 드러난 유월절 밤의 기록만 보아도 무려 네 차례 이상의 회개 기회를 촉구하시며 돌이켜 주길 노심초사하신 듯합니다. 그 숱한 회개의 기회들을 다 뿌리쳤던 예수님의 그 제자가 참으로 안타깝습니다.

그런데 이와 같은 배신과 거역은 자칭 주의 제자라 일컫는 많은 이들에게서 오늘도 여전히 자행되고 있지 않나 싶습니다. 그러므로 '선 줄로 아는 자는 넘어질까?' 하여 늘 스스로를 말씀 앞에 조명받는 시간은 아무리 강조해도 지나치지 않는 듯합니다. 사단이 감히 만지지도 못할 정결의 옷으로 빠는 시간을 극구 사수할 수 있길 서로에게 격려해 봅니다.

거짓의 말로 (눅 17:6)

무화과인 척
뽕나무가 아닌 척
열매와 잎을 흉내내는 이색 뽕나무여
겨자씨만한 순전한 믿음이 명할 때 순종할지어다.
네가 뿌리째 뽑힐지어다.
네 근원인 바다에 심기울지어다.
순종의 영께서 명하실 때 순복할지어다.
분별의 영께서 명하실 때 드러낼지어다.
권능의 영께서 명하실 때 네 처소로 돌아갈지어다.

높은 척
진리인 척
깎아지를 듯 솟아오르려 하는 거짓의 성이여
진리의 진동 앞에 흩어질지어다.
분별의 칼 앞에 갈리울지어다.

조명의 빛 앞에 녹아날지어다.

진리의 영이시여
물이 바다 덮음같이
이 땅 위에 충만하소서.

심판의 주께서 명하실 때 뾰족 산이 평지가 될지어다.
생명의 주께서 명하실 때 사막에 생수를 낼지어다.
은혜의 주께서 명하실 때 광야가 정원으로 화할지어다.

눅 17:6 주께서 가라사대 너희에게 겨자씨 한 알 만한 믿음이 있었다면 이 뽕나무더러 뿌리가 뽑혀 바다에 심기우라 하였을 것이요, 그것이 너희에게 순종하였으리라.

겨자씨만한 믿음으로 명하여 뽕나무에게 뽑혀 바다에 심기우라 하면 그대로 되리라는 이 구절을 대면할 때면 어떤 생각이 드시나요? 뭔가 믿음의 파격적인 파워가 느껴지시나요? 그런데 곧이어 혼란이 찾아들지 않으셨나요?

왜냐면 이와 같은 사례는 예수님 당시에도 없었고 지난 이천 년간 단 한 번도 일어난 적 없는 기적이며 사람들이 굳이 바라지도 바라서도 안 되는 현상이기 때문 아닐까요? 나무가 땅에서 뽑혀 바다에 심기운다는 것은 하나님의 자연 섭리를 거스르는 일이잖아요? 또한 예수님의 말씀은 진리이기에 우리 믿음의 뿌리가 심겨지는 근본인데, 진리는 불변하는 사실이요 가치인데, 이 구절이 과연 진리를 대변할 수 있나요? 어찌 보면 진리인 말씀들을 다 부정해 버릴 만큼 위험스런 멘트 아닌가요?

이처럼 상식에서 벗어난 듯, 모순된 듯한 말씀을 대할 때면 필자의 눈은 기대감으로 반짝반짝해집니다. 너무너무 중요한 진의를 포함하고 있기에 도리어 뭔가 우리 시선을 가로채시며 우리 질문을 기다리고 계시는 느낌이랄까? "네가 물어볼 줄 알았지…네게만 말해줄게!" 하시며 당시 열두 제자들에게만 따로 비유를 풀어주셨듯이 시간을 뛰어넘어 다가와 다시금 과시해 주시는 친밀감 속으로 긴장감 있게 빨려들게 됩니다. 그래서 다시 앞뒤 문맥과 원어 속으로 들어가 봅니다. 그리고 무릎을 칩니다. 역시나 주의 말씀은 날 실망시키신 적이 단 한 번도 없으십니다. 이 뽕나무 얘기는 실족하게 하는 죄에 대한 가르침의 연장선 끝에 나온 말씀임을 드러내시고 맙니다. 이 비유는 먼저 실족시키는 죄에 대한 엄중함으로 시작됩니다.

"그가 이 작은 자 중의 하나를 실족하게 할진대 차라리 연자맷돌이 그 목에 매여 바다에 던져지는 것이 나으리라"(눅 17:2, 개역개정).

이 말씀의 번역본인 개역한글, 개역개정 모두에서 주어와 목적어가 애매합니다. 따라서 킹제임스 번역본과 원어를 찾아봅니다.

"그가 이 작은 자들 중의 하나를 실족하게 하는 것보다 차라리 연자맷돌을 목에 매달고 바다에 빠지는 것이 그에게 더 나으리라"(눅 17:2, KJV흠정역).

킹제임스와 원어를 보니 주어와 목적어가 매우 분명해졌습니다. 즉 복음을 전하는 자들의 실족이 얼마나 크고 치명적인 죄인지 말씀하신 것입니다.

'실족게 함'에 해당하는 원어 스칸달론(stumbling rock)은 덫, 올무, 걸림돌, 상처, 몰이해 등의 의미를 내포합니다. 그리고 당대의 가장 큰 스칸달론이자 논란이 되었던 바는 예수님의 신성과 인성에 대한 의심으로 인해 구원에 걸림돌이 되는 유대주의적 신념이었음을 확인합니다. 그런데 이어지는 다음 구절은 난데없이 바로 용서에 관한 얘기로 이어집니다. 그렇다면 여기서의 용서는 당연히 실족게 했던 죄에 대한 용서겠지요?

> "너희는 스스로 조심하라 만일 네 형제가 죄를 범하거든 경고하고 회개하거든 용서하라 만일 하루에 일곱 번이라도 네게 죄를 얻고 일곱 번 네게 돌아와 내가 회개하노라 하거든 너는 용서하라"(눅 17:3-4, 개역개정).

그런데 이때 용서하라 하시면서 부득이 조건을 다심을 볼 수 있습니다. "회개하노라 하거든!" 그렇다면 회개치 않으면 용서하지 말라는 것인데 그 이유가 무엇일까요? 여기서 용서의 본질을 깊이 상고치 않을 수 없게 됩니다. '용서'란 곧 죄 사함이고 이는 구원시키기 위해 전제되어야 할 필수적 선제 조건이자 절대 조건이네요. 그런데 도리어 이 구원의 진행을 방해하고 차단함을 용서한다면 어떻게 되겠습니까? 용서의 본질과 구원 목적에 철저히 대치되는 일이 되지 않습니까? 따라서 예수님에 대한 의심이나 이단적 이견으로 실족시키는 죄는 용서나 묵인 또는 타협 대상이 결코 될 수 없다는 귀결에 이릅니다.

이를 친히 예수님께서도 명료하게 말씀해 주셨지요? "그러므로 내가 너희에게 이르노니 사람에 대한 모든 죄와 모독은 사하심을 받되 성령을 모독하는 것은 사하심을 얻지 못하겠고…."(마 12:31) 그것이 용서받을 수 없는 유일한 죄목, 곧 예수님을 구원자로 영접게 하는 성령을 훼방하는 죄이기에(1권《이 산지를 내게 주소서》p96-99 참조) 사역자에겐 치명적인 죄라는 것입니다. 따라서 조금씩이나마 깨닫고 일곱 번 돌아와 회개하노라 하거든(4절) 이란 단서를 붙이신 듯합니다. 따라서 이 의심을 극복하기 위한 믿음이 필요했기에 제자들이 "우리에게 믿음을 더하소서!"(5절) 라 반응합니다. 이에 그렇게 실족게 하는 일 없도록 믿음을 더하는 방법을 가르치시는 말씀이 오늘 문제의 본문입니다.

"사도들이 주께 여짜오되 우리에게 믿음을 더하소서 하니"(눅 17:5).

"주께서 가라사대 너희에게 겨자씨 한 알만한 믿음이 있었다면 이 뽕나무(sycamine tree)더러 뿌리가 뽑혀 바다에 심기우라 하였을 것이요 그것이 너희에게 순종하였으리라"(눅 17:6).

왜 믿음을 겨자씨에 비유하셨으며 왜 뽕나무를 등장시키셨을까 싶어 뽕나무의 원어를 찾아보았습니다. 그러고는 놀라 까무러칠 뻔했습니다.

'수카미노스'[(무화과 닮은 뽕나무 sycamine); having the form & foliage of the mulberry, but fruit resembling the fig<blueletterbible.org> 참조]라고 쓰여 있었습니다. 즉 무화과 열매와 비슷한 열매를 맺어

무화과로 착각하게 하는 뽕나무라 합니다! 마치 하늘에서 섬광이 뻗쳐 내리 꽂히는 것 같지 않습니까?

제자들은 늘상 보아왔고 이미 알고 있는 이 가짜 무화과나무를 함께 보고 있었을 것입니다. 그리고 예수님의 이 비유적 가르침의 참 뜻이 온몸으로 이해되고 뼛속 깊이 저장되었으리라 봅니다.

"겨자씨 한 알만한 순전한 진짜 믿음, 곧 아무리 작을지라도 참 믿음만 있다면 무화과 열매를 흉내 내 무화과(참신앙/참이스라엘)인 척하는 이 뽕나무(가짜신앙/가짜신앙인) 앞에서 막강한 파워를 자랑하리라. 그 가짜 무화과더러 그 뿌리가(사단에 속한) 폭로되도록 뽑혀 바다에 심기우라('바다'의 성경적 의미 : 악의 출처, 악의 근원) 하면 그대로 되리라. 곧 가짜들은 그들의 뿌리인 아비 사단의 근원지로 돌아가라('바다에 심기우라') 명하고 악을 규명하라! 모든 이단적 요소는 쫓아내고 뽑아서 그 뿌리의 근원지인 사단에게로 보내면 그대로 되리라! 아무리 위용을 자랑한들 거짓 진리는 힘을 못 쓰고 드러나게 되리라!"

참 진리의 파워는 크기나 모양에 있지 않고 그 근원에 있음을 목도하게 하시고, 눈앞에 보이는 가짜 무화과나무를 들어 설명해 주신 이 말씀의 권위가 제자들의 온몸을 진동케 했으리라 봅니다. 그리고는 이 권위 있는 뽕나무 비유 다음에 오는 결론이 어찌 되는지 예상할 수 있으시겠습니까?

"명한 대로 하였다고 종에게 사례하겠느냐?…무익한 종이라…할 일을 한 것뿐이라 할지니라"(눅 17:10-11).

느닷없는 무익한 종 이야기를 하십니다. 왜일까요? 이 말씀은 주로 목사님들 퇴임사에 자주 등장하는 유명 구절입니다만 사실 그것보다 훨씬 크고 비장한 의미를 담고 있음이 깨달아집니다.

즉 '고군분투하며 거짓 진리에 맞서 참 진리를 선포하는 사역자의 정결함과 담대함, 그리고 그 혼란들 속에서 실족되는 영혼이 없도록 잃어버린 양 한 마리까지 찾아오는 바로 그 열정이 말씀 맡은 자, 곧 왕 같은 제사장으로 부르심 받은 자의 기본 본분이며 사명이다.'

바로 그 일을 맡기기 위해 사역자로 부른 것이라는 사명문을 읽어주시는 듯합니다.

우리는 거짓의 아비 사단이 가장한 천사처럼 이 땅을 혼란스런 논리로 몰아가는 진리 전쟁의 시대를 살고 있습니다. 이단, 모호한 다원주의, 기복신앙, 자유주의 신학 등이 퍼붓는 진리 전쟁의 포화 속에 살고 있습니다. 그럼에도 불구하고 우리를 은혜 가운데로, 말씀을 아는 자로 부르신 줄 압니다. 왕 같은 제사장이라는 부르심의 귀한 소명 위에 하나님을 아는 지식과 믿음의 순도를 지켜내는 축복이 각 사역자님들에게 임하길 기도합니다.

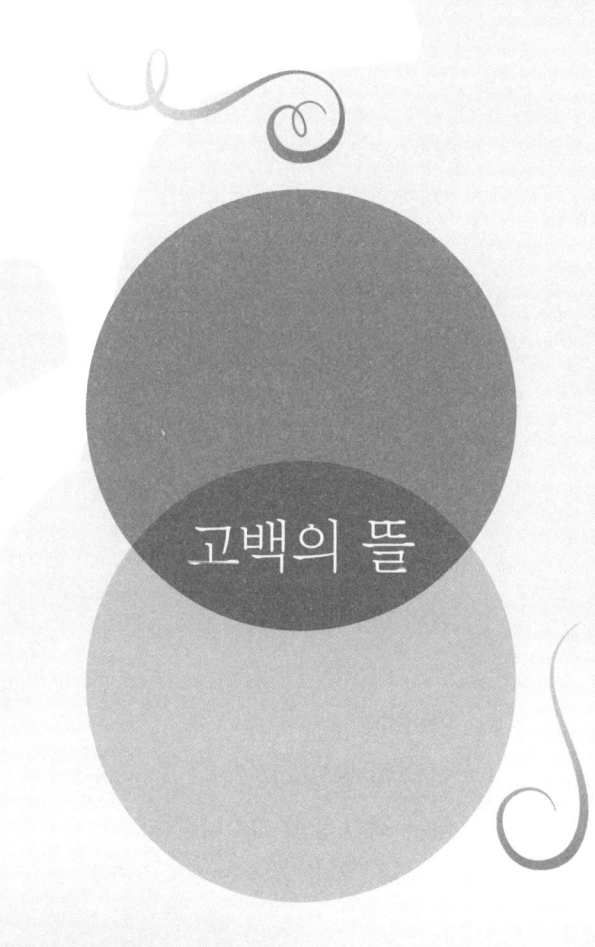
고백의 뜰

죄인 중의 괴수 (딤전 1:15)

닦아도 닦아도 남아있는
육의 지문.
퍼내도 퍼내도 고이는
감정의 흙탕물.
비우고 비워도 다시 차는
죄의 비린내.

아버지여
이를 어찌하오리까?
나는 죄인 중의 괴수니이다.

딤전 1:15 미쁘다 모든 사람이 받을 만한 이 말이여 그리스도 예수께서 죄인을 구원하시려고 세상에 임하셨도다 하였도다. 죄인 중에

내가 괴수니라.

죄인 중에 괴수라 스스로 칭했던 사도 바울의 고백! 이것은 구원으로 초대받은 은혜의 진수를 최고로 표현한 말인 듯싶습니다. 죄가 더한 곳에 은혜가 더욱 넘쳤다고도 표현한 사도 바울은 그만큼 죄를 지어서가 아니라 그만큼 죄에 대한 민감성이 컸기에 나온 고백이겠지요.

신앙의 깊이는 결코 섞일 수 없는 죄에 대한 예민한 알레르기적 반응과 비례함을 체감해 오면서 그렇기에 도리어 완전하신 아버지 나라에 대한 소망에 가속도를 붙여주는 듯합니다.

> "그러므로 내가 한 법을 깨달았노니 곧 선을 행하기 원하는 나에게 악이 함께 있는 것이로다 내 속 사람으로는 하나님의 법을 즐거워하되 내 지체 속에 한 다른 법이 내 마음의 법과 싸워 내 지체 속에 있는 죄의 법 아래로 나를 사로잡아 오는 것을 보는도다 오호라 나는 곤고한 사람이로다 이 사망의 몸에서 누가 나를 건져 내랴"
> (롬 7:21-24).

육신의 권세 아래 사는 이 땅엔, 수없이 더러운 배설물을 머리에 뿌리는 까마귀들로 가득합니다. 그 오물들을 씻어 내는 하루 끝 고백이 눈물로 범벅일 때면 주께서 도리어 겸허의 은혜로 바꾸시고 감사의 제사에 젖는 저녁 되게 하십니다. 나의 나 된 것은 진실로 주의 은혜임을 고백게 하십니다!

악한 세대가 이와 같이 (왕하 21:7; 마 12:45)

1
다윗과 솔로몬에게 이르시기를
내가 이스라엘의 모든 지파 중에서 택한
이 성전과 예루살렘에 내 이름을 영영히 두리라.

므낫세가 악을 행하여
그의 아버지 히스기야가 헐어버린 산당을 다시 세우며
아합의 행위를 따라
바알의 제단과 아세라 목상과 일월성신 경배와
자기 아들을 불가운데 몰렉에게 바치며 사술을 행하며
신접한 자를 부르며 박수를 신임하여

그 악이
이스라엘 자손 앞에서 멸하신
여러 민족보다 더 심하였더라.

2

예수께서 이르시기를
이 성전을 헐라 내가 삼 일 만에 다시 지을 것이니
사람의 육체를 성전삼아 영영히 거하리라.

성령이 소멸되고 소멸됨에
성령께서 헐어버린 사단의 진을 다시 찾으며
소제된 곳이 비어 일곱 귀신을 데리고 들어오니
탐욕과 정욕과 교만과 시기와 분노와 탐식과 나태

이 악으로 인해
이 영혼의 나중 형편이
전보다 더욱 심하였더라.

이 악한 세대 또한 이렇게 되리라!
성령을 소멸치 말지어다!

왕하 21:4 내가 내 이름을 예루살렘에 두리라.

하나님의 이름 곧 하나님의 임재와 통치를 예루살렘에 두리라는 약속을 이루시기까지, 하나님은 잃어버린 형상들을 찾아서 오십니다. 당신 형상을 쏙 빼닮았으나 죄로 인해 깨지고 어그러져 도저히 함께 할 수 없는 운명이 돼 버린 인류를 찾아오십니다. 거룩하고 거룩하신 분이, 거룩 앞에선 다 소멸될 수밖에 없는 존재들을 불쌍히 여기시며 그 막힌 어둠을 걷어내어 만나시고자 찾아오십니다. 명하신 광야의 이동식 성막 안으로요 (2권 《이와 같이》 p.33-35 참조).

이 성막의 하나님과 함께 동행하며, 광야에서 연단 된 하나님의 군대는 요단 강 넘어 가나안을 점령함으로 이제 하나님의 백성이 됩니다. 그리고 많은 타락과 전투와 회복을 반복한 끝에 이제 역사는 성군 다윗을 집중하여 조명합니다. 하나님의 오랜 꿈이었던 하나님이 통치하시는 명실상부한 나라를 세우게 된 다윗 왕, 하나님의 마음에 합했던 그 다윗 왕은 여전히 천막 안에 거하시는 하나님을 상고할 때마다 슬퍼집니다. 그리하여 자신만 왕궁에 거하는 게 죄송했던 마음을 담아 성전 건축을 약속합니다. 성전 건축의 모든 것이 다윗 왕의 서원대로 계획되고 예비되었으나 건축은 솔로몬 왕 때에야 허락됩니다.

"내가 이스라엘의 모든 지파 중에서 택한 이 성전과 예루살렘에 내 이름을 영영히 두리라!"

완공된 솔로몬 성전 봉헌식에서 약속하신 하나님의 말씀입니다. 이제 이스라엘은 하나님의 제사장 나라로서 이 성전에 임재하시는 하나님의 통치를 초청하고 기뻐할 것을 굳게 언약합니다.

그런데 하나님의 사랑의 통치와 오래 참으심은 남유다 최악의 왕 므낫세의 죄로 인해 한계를 맞게 됩니다. 그다음 왕, 요시야의 역사적 개혁으로도 도저히 돌이킬 수 없는 므낫세의 죄와 함께 동반된 이스라엘의 죄로 인하여 이사야 선지자를 톱으로 켜 죽일 만큼의 악행과 온갖 우상의 온상이 되어버린 예루살렘 성전! 그 패역함과 더러움 앞에 결코 공존할 수 없는 하나님의 임재는 급기야 떠나시게 됩니다 (겔 10장).

그러나 포기치 않으시는 하나님의 사랑과 구원 역사는 중단될 수 없습니다. 하나님께서 그 외아들의 왕복을 벗기고 육의 옷을 입혀 이 어둠의 땅으로 보내십니다. 그리고 채찍 맞고, 침 뱉음 당하고, 조롱당하고, 못 박히고, 피 흘림으로 인류의 모든 죄를 청산하십니다. 이로써 사단에게 붙잡힘 바 된 모든 육체의 값을 지불하셨고 드디어 인류의 육체를 성전 삼으십니다 (고전 6:19).

이제 이동할 필요도 없고 침략당하거나 허물어질 염려도 없는 하나님의 성전 건설권이 각 육체마다 합법적으로 이루어졌습니다. 하나님의 나라가 선포되는 한 육체 한 육체마다 진정한 성전이 다시 세워지고 하나님께서 왕으로 다시 찾아오셨습니다. 각 육체에서 각 영혼에게 왕 노릇했던 사단과 귀신의 무리들이 쫓겨 나갑니다. 이제 거룩한 성전이 임하는 곳마다 하늘에 속한 속성들로 채워질 충만한 길을 여셨습니다.

그런데 이상한 일들이 또다시 반복됩니다. 복음이 선포된 각각의 성전이 소제되고 비었는데 정작 하나님의 통치권이 발휘될 수 없는 무법상태가 시작됩니다. 소제되고 빈 곳에 일곱 귀신이 들어 나중 형편이 처음보다 더함을 탄식하게 합니다. 이 악한 세대가 또다시 므낫세와 같은 죄를 축적하며 인본주의와 쾌락의 바벨탑을 끝없이 높이고 있음을 목도케 합니다.

주의 통치가 이루어질 수 없는 사단의 미끼 가득한 심령!, 인본주의, 물질 만능주의, 다원주의, 세속주의, 외모지상주의 그리고 탐욕과 정욕과 교만과 시기와 분노와 탐식과 나태! 성령이 소멸됨을 또다시 반복되이 탄식하셔야 하는 슬픈 마지막 시대를 맞고 있습니다.

아버지여!

이 시대에 나중 형편이 더욱 심해지는 비극을 불쌍히 여기소서. 성령의 한탄하심을 아는 자로 눈과 귀가 뜨이는 자 되게 하소서. 기름을 준비하는 자 되도록 깨우소서. 분연히 일어나 주의 기쁨의 성전으로 지어지고 또 이어지게 하소서! 아멘!

우물가에서 (요 4:28)

*참조 " ", 볼드체는 예수님 목소리

우물가에서
우물가 여인들의 달궈진 입술에 오르내리느니
두피 혈관을 극도로 달궈낼 땡볕이 더 나으리라.

비밀한 오수의 시간
땀 젖는 고요
한적한 두레박 여울진 물에 비친 한 유대 남자
"물 좀 얻을 수 있으리오?"
어찌 사마리아 여인과 상종하려 하시나이까?

**"이 물을 먹는 자마다 다시 목 마르려니와
나의 생수를 먹는 자는 영원히 목마르지 아니하리라."**
남자여~

그런 물을 내게도 주사 나로 목마르지도 않고
물 길러 오는 고통도 제하소서.

"네 남편을 불러오라!"
나는 남편이 없나이다.
"네 말이 옳도다.
다섯이 있었으나 지금 그 이도 남편이 아니니 그 말이 옳도다."

선생이여~
내가 보니 선지자로소이다.

내게 예배를 가르치소서!
우리는 이 산에서 예배하는데 당신들은 예루살렘에서라 하더이다.
"너희는 알지 못하는 것을 예배하고
우리는 아는 것을 예배하노니
이 산에서도 말고 예루살렘으로도 말라.
오직 아버지께 경배할 때가 오나니 바로 이 때라.
하나님은 영이시니 영과 진리로 할지니라!"

그리스도라 하시는 이가 오시면 모든 것을 고하시리이까?
"내가 그로다!
이 산에서도 말고 예루살렘으로도 말고 오직 마음으로 할지라."

주여~
주가 그리스도가 아니시니이까?

보소서!
나의 수치가 내 물동이와 함께 굴러갔도다!

사람들이여~
와서 볼지어다!

요 4:28 여자가 물동이를 버려 두고 동네로 들어가서 사람들에게 이르되 내가 행한 모든 일을 내게 말한 사람을 와서 보라. 이는 그리스도가 아니냐?

이 물동이의 주인인 사마리아 여인은 중동의 땡볕이 최고로 작열하는 시간인 정오(제육시)면 물을 길기 위해 우물가를 찾습니다. 모두가 꺼려하여 피하는 그 시각에.

당시에 공동체의 만남과 소통과 교제의 장이었던 장소, 그 우물가에 나타나기를 극구 피했던 이 여인은 수치와 슬픔과 결핍과 비난거리를 안고 살아왔던 마음이 괴로운 사람이었기 때문입니다. 그 한 영혼의 고뇌와 갈망을 아시는 주께서 이제 우연을 가장해 그녀와 때를 맞추십니다. 그리고 물 좀 달라시며 접속을 시도하십니다.

"당신은 유대인인데 어찌하여 사마리아 여자인 나에게 물을 달라 하십니까?"

당시 유대인들은 사마리아인을 상종치 않았는데 그 이유는 슬픈 역사적, 종교적, 정치적 배경을 갖고 있었기 때문이었습니다. 특히나 앗수르의 혼혈 정책 이후 북이스라엘 지역의 사마리아인들은 유대의 순수 혈통을 잃어버렸기에 이방인보다 더 경멸 받는 적대적 존재로 취급받게 되었습니다. 이것은 그들 자신의 잘못으로 인한 결과가 아닌데도 그와 같은 심한 열등감과 또 자격지심에 가까운 수치심을 끌어안고 살아야 했었던 것이지요. 게다가 무슨 연유인지 정확한 그녀의 상황은 알 수 없지만 남편이 다섯이었었고 지금 있는 남편도 남편이 아니라니 그녀의 인생이 어떠했을지 가늠하고도 남음이 있습니다. 당시 여인들은 사회적 권한도 권리도 없었으며, 경제활동이나 사회활동이 심히 제한돼 있었기에 어떤 불행한 상황에서 그저 생존을 위해 몸을 팔거나 첩 역할을 할 수밖에 없는 경우가 비일비재했던 것입니다.

그런 그녀의 표면적 갈등을 끌어내 심적 영적 갈등이 드러나도록 예수께서 남편을 데려오라 하십니다. 숨기고 싶고 숨겨온 자신의 삶을 꿰뚫는 이 유대인이 범상치 않다 깨달은 사마리아 여인이 질문을 던집니다. 그런데 그것은 뜻밖에도 예배에 관한 것이었습니다. 어디서 예배드려야 주께 상달될지 늘 번민해 온 듯한 그녀에게 예수님은 예기치 않게 예배의 대상에 대해 알려주십니다. 그리고 스스로 메시아임을 누설하십니다. 이것은 그동안 예수께 치유 받은 사람들에게나 제자들에게나 그리스도이심을 알리지 말라고 입단속시키셨던 것과 매우 상반된 모습이십니다. 아마도 그녀의 중심을, 그 중심의 필요를 알고 계셨기 때문인 것 같습니다.

메시아를 만난 그 사마리아 여인은, 그 수치의 상징이자 삶의 필수품인 물동이를 내던지고, 숨었던 곳에서 일어나, 찾아가는 자가 됩니다. 복음 앞에 두려움 없는 은혜의 전파자로.

은혜를 입은 자들의 특징이 바로 이것이라 봅니다. 팀 켈러 목사님은 '내가 만든 신'에서 이렇게 말했습니다. "하나님의 은혜를 원하는 사람은 결핍만 있으면 된다. 즉 아무것도 없으면 된다…." 완전한 결핍이어야 완전한 은혜가 임함을 아실까요? 상처가 깊을수록 치유의 은혜가 큼을 경험해 보셨을까요? 우리네 삶의 고통들도 급기야 보자기에 싸인 축복이 열리듯 열어지길, 주님과의 진실한 조우의 촉매제로 작동되길 간절히 간구합니다.

마리아의 노래 (눅 1:26-56)

*참조 " " 안, 볼드체는 천사 가브리엘의 목소리

문 열어 맞이했던 요셉의 따스한 눈길
포도주 언약 위에 맺은 정혼의 다짐

동네 우물가 스쳐간 요셉의 정지된 눈빛
그날을, 다가올 시간을, 예비하고 고대하는 설렘

"**은혜를 받은 자여 평안할지어다.
네가 수태하여 아들을 낳으리니 그 이름을 예수라 하라!**"
내 주여 나는 사내를 알지 못하나이다.
돌에 맞아 죽는 수치보다
요셉을 실망시킴을 감당치 못하겠나이다.
할 수만 있다면 이 잔을 내게서 지나가게 하옵소서.
그러나

내 뜻대로 마옵시고
주의 뜻대로 하옵소서.

"성령이 네게 임하시고
지극히 높으신 이의 권능이 너를 덮으시리라!"
내 주여 주의 계집종이오니
말씀대로 이루어지이다.
주의 긍휼하심이
경외하는 주 앞에 선
계집종에게로부터 후손에 이르리이다.

요셉을 긍휼히 여기사
주의 계획하신 뜻 안에 머물게 하옵소서.
주는 흥하여야 하겠고
계집종은 쇠하여야 하리이다.
사람의 생각을 흩으시고
주의 뜻을 이루소서.

주의 뜻만
주의 구원만
영영히 이루어지리이다.

눅 1:31, 34 보라 네가 수태하여 아들을 낳으리니 그 이름을 예수라

하라…마리아가 천사에게 말하되 나는 사내를 알지 못하니 어찌 이 일이 있으리이까?

성령으로 잉태되었던 예수님의 어머니 마리아! 그녀는 중세 이후 '성모'라 불리며 애정 어린 존경을 넘어 신격화된 존재로까지 영광을 누리고 있기에 당대에 그녀가 이겨내야 했을 고통과 수난을 자칫 놓치기 쉬운 듯합니다.

마리아가 성령으로 잉태한 때는 요셉이라는 청년과 정혼한 상태였습니다. 당대 유대 결혼 관습은 사뭇 독특한데 결혼 언약식에 해당되는 정혼은 결혼과 동일한 법적 효력을 갖고 있었습니다. 두 증인을 대동한 친지들 앞에서 포도주로 언약하고 결혼 계약서에 사인을 하고 나면 그때부터 법적 부부관계로 인정됩니다. 그러나 육체적 관계만은 배제된 채로 헤어져 각자 1년여의 기간 동안 결혼식을 준비하게 됩니다. 남편은 같이 살 처소를 짓고 가재도구를 마련하는 일을, 신부는 신랑 가문의 가풍과 가훈을 온몸으로 익히며 웨딩 예복과 베일을 친히 만들며 어느 밤중에 데리러 올지 모르는 신랑을 오매불망 기다리는 설렘과 단장의 시간을 보내는 것입니다.

따라서 이 기간 중에 발생할 수 있는 불미스러운 일은 불륜으로 간주되어 돌에 맞아 죽임당하는 처벌을 받게 됩니다. 유대 종교법에 의하면 "만일 처녀인 여자가 남자와 정혼한 후에 어떤 남자가 그를 성읍 중에서 만나 통간하면 너희는 그들을 둘 다 성읍 문으로 끌어내고 그들을 돌로 쳐 죽일 것이니… 너희는 이같이 하여 너희 중에서 악을 제할지니라"(신 22:23-24)고 명시돼 있습니다.

마리아가 바로 이런 수치와 억울한 모욕을 당할 입장을 눈앞에 두고 있습니다. 게다가 제사장 가문(사가랴 제사장과 엘리사벳 부부의 친척임으로 봐서)의 정갈한 처녀였음을 감안할 때 가문의 명예 앞에서 이 수태고지의 제안을 과연 받아들이기 쉬웠을까? 그리고 또 정혼 관계인 남편 요셉의 오해와 끼칠 실망감을 생각할 때 얼마나 고통스러운 결단의 시간이었을까 싶습니다.

그러나 결국 마리아는 그 모든 인간적 생각을 훑고 하나님의 뜻만 이루시기를 기뻐하는 찬가를 올립니다.

> "내 영혼이 주를 찬양하며
> 내 마음이 내 주 하나님을 기뻐하였음은
> 그의 여종의 비천함을 돌보셨음이라.
> 보라! 이제 후로는 만세에 나를 복이 있다 일컬으리로다.
> 능하신 이가 큰 일을 내게 행하셨으니 그 이름이 거룩하시며
> 긍휼하심이 두려워하는 자에게 대대로 이르는도다.
> 그의 팔로 힘을 보이사 마음의 생각이 교만한 자들을 흩으셨고
> 권세 있는 자를 그 위에서 내려치셨으며 비천한 자를 높이셨고
> 주리는 자를 좋은 것으로 배 불리셨으며 부자는 빈 손으로 보내셨도다.
> 그 종 이스라엘을 도우사 긍휼히 여기시고 기억하시되
> 우리 조상에게 말씀하신 것과 같이
> 아브라함과 그 자손에게 영원히 하시리로다." (눅 1:46-55)

이 마리아의 노래를 들여다보면 그녀가 얼마가 긍휼을 구하는 가난한 심령의 소유한 자였는지 가늠이 갑니다. 그뿐만 아니라 여호와를 경외하고 그분의 공의와 다스림을 기대하는 참 이스라엘의 한 사람이었음을 엿볼 수 있습니다. 자기중심적 이해관계를 개의치 않고

하나님의 뜻과 부르심에 반응하고 순종하여 구원 역사의 귀한 디딤돌로 쓰임 받았던 그리스도의 어머니, 마리아의 심경을 통해 순종의 아름다움을 길어 봅니다.

네가 나를 사랑하느냐? (요 21:17)

*참조 " "안, 볼드체는 주님의 음성

**"사람의 딸아
네가 나를 사랑하느냐?"**

내 뻣뻣했던 육이 아나이다.
세포 사이사이 흐르는 액체가 아나이다.
호흡 마디마디 흐르는 기체가 아나이다.
60조의 세포로 다 흩어진다해도
60조의 조각마다 부르짖을것이니이다.
나의 주님만 사랑한다고

**"사람의 딸아
네가 나를 사랑하느냐?"**

저 질긴 공중권세자가 아나이다.
뚫다 지친 철옹성같은 요새의 견고함을 알 것이니이다.
뚫을 수 없는 금강석 같은 구원의 완전함을 알 것이니이다.
어떤 것을 빼앗은들 모든 것을 거둬간들
오직 그들은 듣게 될 것이니이다.
광야에 선 메아리마저 오직 나의 주님 향한 노래임을

**"사람의 딸아!
네가 나를 사랑하느냐?"**

오직 주께서만 진실로 아시나이다.
이 눈물의 진정한 의미를 아시나이다.
이 웃음의 진정한 의미를 아시나이다.
내 영혼육에 흐르는 파장의 참된 의미를
내 지정의에 흐르는 알갱이들의 참된 의미를
주님만 사랑하는 숨에 녹아진 진한 농도의 의미를

오직 나의 주님께서만 진실로 아시나이다.

요 21:17 세 번째 가라사대 요한의 아들 시몬아 네가 나를 사랑하느냐 하시니 주께서 세 번째 네가 나를 사랑하느냐 하시므로 베드로가 근심하여 가로되 주여 모든 것을 아시오매 내가 주를 사랑하는 줄을 주께서 아시나이다. 예수께서 가라사대 내 양을 먹이라.

부활하신 주님이 디베랴 바닷가에 나타나셔서 제자들에게 조반을 먹이십니다. 그리고 베드로에게 사명을 주기 전에 물으십니다. "네가 나를 사랑하느냐?" 이에 대해 베드로는 대답합니다. "주님 그러하나이다. 내가 주님을 사랑하는 줄 주께서 아시나이다." 그런데 같은 질문을 두 번째에 이어 세 번째에도 또 똑같이 반복하시자 근심하여 대답하였다고 기록돼 있습니다. 왜 근심되었을까요?

많은 신학자들은 아마 베드로가 세 번이나 주를 부인했던 과거의 죄책감이 떠올라 회한에 빠졌기 때문이었을 것으로 보고 있습니다. 그렇다면 그가 과거에 세 번 부인했을 당시 거짓말을 한 것일까요? 그땐 주를 사랑하지 않았던 것일까요?

물론 그때도 베드로는 예수님을 사랑했습니다. 예수님을 그리스도라고 고백하고 믿었습니다. 다만 그 사랑의 역량이 육신을 뛰어넘을 수 없는 상태였기에, 육신이 위협을 받자 돌파하지 못하고 바로 꺾여버린 것으로 보입니다. 이렇듯 사람의 의지나 사람의 사랑은 한계를 가질 수밖에 없습니다. 사람의 육체 안에는 그만한 파워가 원래 부재하기 때문이지요. 따라서 사명자라 함은 자기 힘으로 일하는 자가 아닌 성령이 공급하는, 즉 하늘에서 공급되는 그 사랑으로 일하는 하나님의 사람을 일컫습니다. 겁 많았던 열두 제자들의 행적이 성령을 받기 전과 받은 후 천양지차를 이루지요? 우리 주님이 죽으시고 부활하심으로 우리 육체를 빌려 성령이 거할 처소 삼으셨기 때문입니다. 따라서 이 장면은 이제 베드로를 사명자로 임명하시며, 육이 하는 일(실패)과 성령이 하는 일(승리)의 차이를 미리 예고하시는 듯합니다.

우리의 사역에 있어서도 내 힘으로 하는 것과, 성령이 하는 것에 이런 극명한 차이가 있는데 우리 스스로도 속으며 사는 경우가 태반인 것 같습니다. 사단은 거짓의 아비이며 속이는 데 능한 자이기에 늘 자아와 성령을 분별치 못하도록 혼란을 가중시키는 장본인입니다. 따라서 기도의 첫 번째 기능이 바로 옛 자아와, 거듭난 영의 일을 구분하는 것이라 봅니다. 이 분별이 일어나면 사단의 영향력은 일단 꺾이고, 우리의 순종을 통해 완전히 쫓겨나게 돼 있습니다. 즉 돌파가 일어나면서 사단의 진과 거점이 파쇄되는 것이지요.

따라서 주께서 필자에게도 "네가 나를 사랑하느냐?" 물으셨을 때 나의 거듭난 몸이 알고, 속였다가 쫓겨난 공중 권세자 사단이 알고, 그리고 무엇보다도 사명 주시기 기뻐하시는 주님이 아신다는 고백이 절로 흘러나오게 됩니다. 환경과 상황에 결코 꺾일 수 없는 주께로부터 온 사랑, 사명자에게 허락된 그 사랑의 샘이 저와 우리 성도님들 각각의 중심에서 압도적으로 터져 넘치시는 복이 충만하길 기도합니다.

기도의 뜰

기도의 조명 (롬 7:23, 8:13)

아버지여
수없이 우울과 희락이 다투어 일어나
불안의 소용돌이를 뱅글뱅글 일으킵니다.

아버지여
수없이 낙담과 소망이 앞서거니 뒷서거니
혼란의 소용돌이를 뱅글뱅글 일으킵니다.

아버지여
수없이 정죄와 회개가 결투로 마주함 같이
혼돈의 소용돌이를 뱅글뱅글 일으킵니다.

아버지여 조명하소서.
진리의 빛으로 밝히소서.
회전하는 그림자 없는 분별의 빛 앞에 세우소서.

어둠의 자락들은 소멸되고
소망의 항구를 향한 동력을 붙이심에
희락의 물보라 가득 입고 본향으로 미끄러져 내달릴지이다.

비움과 채움 (눅 9:23)

자기를 사랑하며
돈을 사랑하며
자긍하며
교만하며
쾌락 사랑하기를
하나님 사랑하는 것보다 더하며…(딤후 3:2, 4)

육의 생각 범람하는 자아를 부인하고
육의 속박 그 끈질김 거절하여
육의 고집 그 결박을 끊어내는
비움의 케노시스.

자기 부인으로의 비움!

순종의 생각 그 창문을 열고

비워진 잔에 주의 마음 받아내매
햇살 가득 성전에 스미는 주의 생각
충만한 예수의 영
채움의 플레로마.

비움으로의 채움!

돌파

육의 장막 그 한계 따라
육의 정욕 그 관성 따라
밀려왔다 다시 물러나는 파도와 같은
육에 매인 삶
정욕에 굴종되었던 생각
성령의 쓰나미여!
일어나 돌파케 하소서.

물이 바다 덮음같은
복음이 세상 덮음같은
충만함으로
권능으로
은혜의 파고여!
일어나 압도하소서.

헛되이 쌓은 모래성도
힘들여 쌓은 사상누각도
주의 권세에 무너지게 할
주의 권능의 위력에 사로잡히게 할
성령의 쓰나미여!
일어나 돌파케 하소서.

주의 영광을 내게 보이소서 (출 33:18)

주의 언어를 가르치소서.
당신의 음성 토씨 하나 놓치지 않도록
영의 언어 깔아낼 그릇의 조명을 밝히소서.

심령의 티 하나까지 소제케 하소서.
당신의 얼굴 비쳐올 때 눈썹 한 가닥도 가리지 않도록
주의 얼굴 드러내실 때 티끌 한 톨로도 가리지 않도록

마음의 주름 잠잠히 펴게 하소서.
당신 형상 반사될 때 잔물결 하나로도 흐리지 않도록
주의 형상 비칠 때 잔잔한 평강 위 고스란히 담아내도록

어둠의 한 나노 입자도 개입할 수 없는 거룩하심의 뒷 후광
주여!
주의 영광을 내게 보이소서!

그릇

파상된 그릇
다시 빚으시고
오염된 그릇
투명히 씻으시어

빛을 담으시매 온 세상 진리로 밝아지네.
소리 담으시매 그 떨림이 우주를 진동케 해.
노래 담으시매 온 땅이 사랑의 협주 속으로
빛깔 담으시매 무지갯빛 언약의 다리 위로

주의 오실 만남의 그 자리
주님 맞을 기쁨의 그 처소
온 우주가 벌이는 향연의 그 다리

빛으로 건설될지어다.

영광의 그릇이여~

롬 8:13 너희가 육신대로 살면 반드시 죽을 것이로되 영으로써 몸의 행실을 죽이면 살리니 무릇 하나님의 영으로 인도함을 받는 사람은 곧 하나님의 아들이라.

기도가 무엇일까요? 이 세상 어느 종교에도 존재하는 기도, 기원하고 정성을 들이는 그들의 기도와 우리의 기도가 무엇이 다른 것일까요? 그들은 기도의 대상의 어떠함에 크게 관심이 없습니다. 그저 기대해 마지않는 어떤 초월적 능력이 나의 청을 들어주는 것으로 그 역할이 끝납니다. 철저히 자기중심적이며 욕구 중심적 치성에 지나지 않나 싶습니다.

그러나 기독교에서의 기도는 그 대상이 매우 중요합니다. 하나님이 누구시며 어떠한 분이시며 무엇을 좋아하고 무엇을 싫어하시며 무슨 꿈과 기대를 갖고 인격적 사귐이 이루어지는지가 관건입니다. 따라서 기도 시간은 하나님을 알아가는 시간, 하나님을 만나는 시간입니다. 그리고 그 하나님을 앎에 따라 그분의 영광에 결코 이를 수 없는 내 자신의 부패하고 패역한 모습도 점차 알아가기 시작합니다.

"자기를 사랑하며 돈을 사랑하며 자긍하며 교만하며… 쾌락 사랑하기를 하나님 사랑하는 것보다 더하며…"(딤후 3:2,4)

이처럼 죄 덩어리인 인류는 자신조차 제대로 볼 수 있는 눈이 먼

채 그저 정욕과 죄의 노예 된 바 되었기에 죄성이 이끄는 대로 육의 관성대로 지옥을 향해 달려갔고 또 여전히 달려가고 있습니다. 바로 여기에 제동을 거는 것이 기도인 듯합니다. 기도 속에서(말씀을 기반으로 한) 하나님을 만나면 그제야 잘못된 그동안의 방식이 인지되고 방향을 바꾸어야 하는 이유를 깨닫게 되고 방향을 바꾸지 않을 수 없는 강력한 힘과 작용을 느낍니다. 그 작용을 은혜라 칭할 수 있는데 그것은 결코 사람의 사고나 의지로부터 나올 수 없는 것으로 오직 구원의 주체께서 성령의 조명과 감동을 통해 공급하시는 분별력이요 생명력이요 환원력이라 여겨집니다.

따라서 참 기도로 깊어지려 할 때 사건 사고가 도리어 발생하거나 사단의 방해 수위가 높아지는 것을 다들 경험해 보셨을 것입니다(2권 《이와 같이》 p.118-122 참조). 기도는 전쟁이기 때문에 그렇습니다. 우리 육체는 영적 각축장이기 때문에 그렇습니다. 예수님을 영접함으로 침노하신 성령님께 왕권을 드리려는 새 영과, 육의 욕구를 고집하는 옛 자아 사이의 치열한 전쟁이기 때문에 그렇습니다.

> "내 지체 속에 다른 한 법이 내 마음의 법과 싸워 내 지체 속에 있는 죄의 법으로 나를 사로잡는 것을 보는도다"(롬 7:23).

그러므로 이 전쟁의 열쇠는 사단의 권세에 묶여 있던 옛 자아를 부인하고 육의 생각을 자백함으로 사단에 속해 있었던 영향력을 비워내는 데에 있습니다. 그저 사단이 늘상 투척하는 오물과 내 살 인양 찌들어 있는 묵은 때를 분별해 인정하고, 뽑고 잘라내고 비우는 것입니다. 이것이 주를 따르는 기본 요건인 자기 부인입니다. 현대 크리스천들이 능력 없는 삶을 살아가는 이유가 이 '자아'가 해결되지 못하고 '자기 부인'을 배우지 못해서인 듯합니다.

"아무든지 나를 따라오려거든 자기를 부인하고 날마다 제 십자가를 지고 나를 따를 것이니라"(눅 9:23).

각 영혼마다 비우고 죽어야 하는 기질과 영역들이 다르기에 각자 제 십자가를 지라 하신 듯합니다. 각자의 십자가를 통해 각각의 완악한 영역들이 죽어야 비로소 주와 함께 다시 살 수 있는 것입니다. 즉 내가 죽어 내가 비워 진 곳마다 예수의 영으로 채워져 치환되는 역사의 현장, 예수의 왕 되심이 이루어지는 이 매 순간의 현상을 기도라 정의하고 싶습니다.

따라서 기도가 깊어질수록, 하나님을 알아갈수록, 육에 속한 죄성에 대한 혐오에 진절머리 날 수밖에 없어집니다. 틈만 나면 불화살을 쏘고 오물을 던지고 해코지하는 어둠의 세력에 대한 감각이 예민해질 수밖에 없는 것 같습니다. 그리고 그런 혐오와 예민함의 상승은 돌파에 대한 갈망으로 이어집니다. 그렇다면 이 예민함과 갈망으로 인해 돌파가 쉬이 이루어질 수 있을까요? 돌파는 다음 단계 영성으로 그 성패가 순종에 달려 있는 듯합니다. 순종으로 이어지지 못한 회개와 반성만으론 결코 돌파, 즉 사단의 진을 초토화시켜 항복을 받아내고 자유로워지는 일이 요원해지기 때문입니다.

이제 이토록 치열하면서도 지리멸렬한 매일의 싸움은 종국에 한 가지 소망으로 귀결됩니다. '내가 바라는 한 가지 소원'(시 27:4)을 노래했던 다윗의 심령과 포개지는 바로 그 꼭짓점! 곧 이 땅의 전쟁을 끝내는 날, 우리 주님 오실 날, 이 육의 속성으로부터 온전히 해방될

날, 삼위일체 하나님의 영광을 얼굴과 얼굴로 대면할 날을 고대치 않을 수 없는 그 한 가지 소망으로요. 기도 속에서 맛본 승리와 행복, 기도 속에서 만나 본 하나님 나라의 참맛을 아는 자들은 이 육을 벗을 날에 대한 소망, 즉 마라나타 신앙을 가지지 않을 수 없는 것 같습니다. 아름답고 아름다우신 하나님 뒤의 후광 한 자락을 어렴풋이 엿보는 것에 결코 만족할 수 없는 갈망, 그 얼굴의 광채를 대면할 수 있는 날을 사모하지 않을 수 없는 듯합니다.

그 기도의 여정을 짧게나마 담아낸 이 시 네 편은 필자의 전쟁과 같은 기도 속 몸부림의 편린들이라 할 수 있을 듯합니다. 그리고 그 전쟁들 덕분에 영적 전사로 훈련될 수 있었다고 봅니다.

성령의 말할 수 없는 탄식이 있는 곳마다 기도의 영으로 충만케 하소서!

은혜의 뜰

성령을 주지 않겠느냐? (눅 11장)

"주여
우리에게 기도를 가르치소서!"

너희는 기도할 때에 이렇게 하라!
하늘에 계신 우리 아버지여
이름이 거룩히 여김을 받으시오며 나라에 임하옵시며
우리에게 날마다 일용할 양식을 주옵시고
우리가 우리에게 죄 지은 모든 사람을 용서하오니
우리 죄를 용서하옵시고
우리를 시험에 들지 않게 하옵소서.(눅 11:2-4)

한밤중에 이웃의 청을
벗됨을 인하여는 일어나 주지 않을지라도
그 첫째 되는 가치, 생명의 중함으로 인하여
일어나 소용대로 들어주나니

구하라 그러면 주실 것이요
찾으라 그러면 찾을 것이요
문을 두드리라 그러면 열릴 것이라!

너희가 악할 지라도
좋은 것을 자식에게 줄줄 알거든
하물며 하늘 아버지께 구하는 자에게
성령을 주지 않겠느냐?

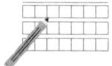

　누가복음 11장은 예수님의 제자들이 기도를 가르쳐주시라 아뢸 때 '주 기도문'을 가르치시는 장면으로 시작됩니다. 예수께서 앞서 산상수훈(마 6장) 때 무리들에게 '주 기도문'을 주신 바 있었지만 여기에선 좀 더 축약된 버전으로 가르치십니다.
　'너희는 기도할 때에 이렇게 하라! 하늘에 계신 우리 아버지여 이름이 거룩히 여김을 받으시오며 나라에 임하옵시며 우리에게 날마다 일용할 양식을 주옵시고 우리가 우리에게 죄지은 모든 사람을 용서하오니 우리 죄를 용서하옵시고 우리를 시험에 들지 않게 하옵소서.'
　이때 제자들의 반응이 어땠을까요? 그들은 모두 뼛속까지 유대인이었습니다. 그들은 이미 테필라나 카디쉬같이 길고 수려한 유대 기도문들을 암송하고 생활화해 왔던 이들입니다. 따라서 예수님께 기도를 여쭐 때는 뭔가 하나님의 아들의 입에서나 나올 법한 색다르고 미려한 기도문을 기대하지 않았을까요? 예수님께서는 마치 그들의 속내를 아신 듯 기도를 비유로 설명하십니다.

'너희 중 누가 벗이 있는데 여행 중에 있던 벗이 한밤중에 찾아와 먹을 것이 필요하므로 떡 세 덩이를 얻으러 침소에 들어간 이웃의 문을 두드렸다면 어찌하겠느냐? 네게 줄 수 없다 잡아떼겠느냐? 벗 됨을 위해서는 일어나 주지 않을지라도 그 강청함을 위해서는 일어나 소용대로 주리라.'

이 비유를 보면 자칫 기도는 집요하게 생떼를 부려 얻어내는 게 효과적이라는 의미로 읽히기 쉽습니다. 또 그렇게 구하라고 가르침 받아온 게 사실입니다. 그런데 주께서 말씀을 통해 계시하시고 필자에게 가르치신 기도의 속성은 그와 정반대였기에 원어를 찾아가며 치밀하게 살펴봅니다.

여기서 '강청함'(boldness/importunity)으로 번역된 원어 '어나이다야'는 합성어로서, '어'(알파; '그리스도는 처음과 끝이다' 할 때 첫째 되는 것, 알파) + '아누'(without one's will or intervention; 어떤 이의 뜻이나 개입을 차치하고) + '아이도우스'(수치나 낙담을 느끼는 상황)를 합친 단어의 의미를 함축합니다. 즉 '어떤 수치도 형편도 상황에도 불구하고 첫 번째 되는 가치로 인하여'로 해석될 수 있습니다.

이를 기반으로 다시 기도에 대해 정리해 보겠습니다. 당시 팔레스타인 지역에서는 철저히 지켜지던 '나그네 환대법'이란 게 있었습니다. 날이 저물면 일면식이 없는 나그네일지라도 반드시 집으로 들여 먹이고 잘 수 있도록 환대해야 한다는 본분이자 규정입니다. 이는 그곳의 척박한 광야나 사막과 같은 위협적 지형과 환경으로부터 그들이 생존토록 돕고 또 음식과 잠자리를 제공해 보호해 줌으로써 일종의 생명을 구하는 종교적 의무에 기반된 것이었습니다.

일면식이 없는 이방인일지라도 그러한데 하물며 친한 벗이 한밤

중에 나그네 되어 찾아왔습니다. 먹을 것은 떨어졌고 모두 잠잘 시간이라 난감합니다. 그런데 그 생명의 귀함과 긴박함 때문에 염치 불구하고 이웃집 문을 두드립니다. 그 이웃은 이미 침소에 들었기에 무척 난감하고도 무례한 상황이었습니다. 그 주인과 친하다는 이유만 가지고는 충분히 거절당할 사유가 됩니다. 그럼에도 불구하고 그 이웃 또한 한 생명의 생존을 위한 최고 가치에 동의했기에 일어나 청을 들어줄 수밖에 없지 않겠냐는 뜻으로 설명하신 것입니다.

이어지는 예수님의 가르침은 동일한 의미의 연장선상에서 중요한 결론을 끌어오십니다. "따라서…구하라 그러면 너희에게 주실 것이요. 찾으라 그러면 찾아낼 것이요. 문을 두드리라 그러면 열릴 것이니…너희 중에 아비 된 자 누가 아들의 생선을 달라 하면 생선 대신에 뱀을 주며 알을 달라 하면 전갈을 주겠느냐? 너희가 악할지라도 좋은 것을 자식에게 줄 줄 알거든 하물며 너희 하늘 아버지께서 구하는 자에게 성령을 주지 않겠느냐?"(5-13절)

결국 구할 때 필히 주시겠다 약속하신 것이 다름 아니라 성령이네요!

사람들은 기도를, 내가 원하는 것을 청구하는 행위로 여기기 쉽습니다. 그러나 주께서 가르치고 계신 기도의 속성은 매우 다릅니다. 기도를 통해 하나님은 우리의 위시리스트가 아닌 우리에게 꼭 필요가 되는 것, 그 최고의 것을 주기 원하신다는 것입니다. 그리고 바로 그 최고 가치의 것은, 구하는 즉 반드시 주시겠다고 약속된 것은, 인류에게 반드시 필수적인 '성령'입니다. 즉 바른 기도는 이 성령을 구하는 것입니다. 이제 기도에 응답하시는 이유가 바로, '성령'이 절대적으로 필요한 생명의 절박함과 긴박함 때문이라고 말씀하고 계시는 게 느껴지시나요? 이 땅에서 유리하는 나그네 같은 자, 생존과 보호가 필요한 이 땅의 영혼들을 향한 하늘 아버지의 긴박함과 성령을 예비하심의 비장함이 느껴지실까요?

혹 내 기도에 응답지 않으신다고 절망하고 계신 분 있으십니까? 그것은 아마 내 생각에 갇혀 내가 느끼는 소원, 즉 육적 욕구를 청구하기 때문은 아닐까요? 기도란 나의 선한 양심이 비추임 받아 그 완고함이 풀어지면서 성령께 흡수되고 물들어 가는 것, 성령과 하나 되어 가는 것, 성령 안에서 이루신 천국을 누리는 것임이 깨달아지고 누려지는 복 더하시길 축원합니다.

"너희가 전심으로 나를 찾고 찾으면 나를 만나리라!"(렘 29:13)

나도 너를 정죄치 아니하리니 (요 8:11)

*참조 ' '안, 볼드체는 예수께서 땅에 쓰셨음직한 문구이며
" "안은 예수님 목소리

1
어두운 밤
광기 어린 밤은
억울한 아침을 일으켜 세웠나이다.

은화 보이며 한 번씩 나를 찾던 이들이 무리로 들이닥쳤나이다.
밤새 악몽에 시달리게 했던 그 남자를 눈짓하여 빼돌리고
나를 결박하였나이다.

그리고 성전 앞 광장으로 끌고 가 내팽개치더이다.
깊고 깊은 긍휼의 눈길 가지신 선생 앞에
그 거룩한 향기 앞에

"선생이여, 이 여자가 간음하다 잡혔나이다.
모세는 율법에 돌로 치라 명하였거늘 어찌하시겠나이까?"
선생은 대답 대신 손가락으로 땅에 쓰시더이다.

'율법을 함께 어긴 그 남자는 어디 있느냐?
이 여자는 어찌하여 홀로 여기 있느냐?'

무리들은 아랑곳하지 않고 계속 질문하며 요구에 열을 올리더이다.
이내…
"너희 중 죄 없는 자가 먼저 돌로 치라." 하시고
다시 땅에 쓰시더이다.

'이 여자가 노예로 팔려갈 만큼 파산했을 때
구제해준 이웃이 있느냐?
이 여자가 배가 고파 떡을 훔칠 정도일 때
떡 한입 내준 자가 있느냐?
이 여자가 매춘부로 전락할 때
수요자는 여성이더냐? 남성이더냐?
여자를 보고 음욕이 일어나지 않는 자가 이곳에 있더냐?
이웃의 가난을 돌보지 않은 그 죄에서
매춘을 예방치 못한 그 죄에서
너는 자유할 수 있더냐?'

무리는 어른으로부터 하나씩 나가고
거룩한 선생의 음성만 남았나이다.

**"나도 너를 정죄하지 아니하노니
가서 다시는 죄를 범치 말라!"**

랍오니여!
내 구원이 여기 있사오매 어디로 가리이까?
….

2
"여자여 누구를 찾느냐?"
랍오니여!!!
….
내 구원의 실체께서
무덤의 돌이 구른 곳에서 음성을 남기셨나이다.
**"내 형제에게 이르되
내가 내 아버지께 곧 너희 하나님께 올라간다 하라"**
….
"너희에게 평강이 있을지어다!"

요 8:11 나도 너를 정죄하지 아니하노니 가서 다시는 죄를 범치 말라.

요한복음 8장은 간음하다 잡혀 온 여인의 이야기로 시작됩니다. 서기관과 바리새인들이 이 여인을 매개로 함정 삼아 예수님을 고소할 조건을 찾고자 함이었습니다. 율법에 의하면 간음한 여인을 돌로 쳐 죽임이 마땅하다 윽박지르는 그들 앞에서, 예수님은 반응치 않은 채 손가락으로 땅에 무언가를 쓰십니다. 그럼에도 불구하고 그들의 반문이 계속됩니다. 도대체 무엇이라 쓰신 걸까요? 아마 그 쓰신 내용이 이해가 안 갔거나 임팩트가 없었던 듯합니다.

그러자 "너희 중 죄 없는 자가 먼저 치라"고 명하시며 또다시 몸을 굽혀 땅에 쓰십니다. 이번엔 그 쓰신 것으로 인해 양심의 가책 받은 이들이 하나씩 돌을 놓고 물러가기 시작하더니 모두 사라졌습니다. 이번엔 또 무엇이라 쓰셨길래 이런 급반전을 가져오게 된 걸까요? 상세한 내용이 성경에 적혀진 바 없기에 알 수는 없지만 떠올려 주신 바대로 따라가 봅니다. 그러자 이 여인이 불행의 상징적 인물, 막달라 마리아를 예표할 수도 있고 또는 현재의 고달픈 영혼들을 대표할 수도 있다는 생각이 들었습니다. 일곱 귀신 들렸던(우리 안에도 최소 일곱 가지 이상의 죄를 관장하고 선동질하는 세력들이 있음에 이와 다르지 않은 듯해요) 막달라 마리아는, 그러나 주께 나와 자유하게 되고 동행함으로써 주의 부활을 맨 처음 목격한 은총의 여인으로 기록됩니다.

다시 간음하다 잡힌 여인의 현장으로 되돌아 가봅시다. 우선 예수님은 간음죄를 범한 여인이 죄 없다 하지 않으셨습니다. 율법의 일점일획이라도 반드시 없어지지 아니하고 이루리라 하셨을 뿐 아니라 너희 의가 서기관과 바리새인보다 더 낫지 못하면 결단코 천국에 들어가지 못하리라(마 5:18, 20) 가르쳐 오신 바대로 죄의 경계를 넘지 않으셨습니다. 그러므로 율법을 거스르지 않으면서 동시에 용서의 자비가 적용되기 마땅한 본질을 밝혀야 하는 딜레마 가운데 있으셨습니다.

묵상을 시작하자 맨 먼저 떠오른 것이 율법에 관한 것이었는데 율법에 의하면 현장에서 잡혔다는 간음죄의 경우 반드시 두 남녀를 대령해 함께 돌로 쳐 죽이는 것이었습니다. 그런데 여기에서 여자만 붙들려 온 것이 이상했습니다. 이것은 율법을 충족시키기 위한 조건이 불충분하거나 혹은 그들이 예수님을 함정에 빠뜨리기 위해 뭔가 공모된 사건이 아닌가 싶어졌습니다. 따라서 율법을 빌미 삼아 교묘히 딴지 거는 그들에게 예수께서 좀 더 온전한 율법으로 질문을 던지지 않으셨을까 싶어졌습니다. '율법을 함께 어긴 그 남자는 어디 있느냐? 이 여자는 어찌하여 홀로 여기 있느냐?' 이것은 아마 예수님을 시험코자 공모했던 그 의도를 정확히 꿰뚫어 보시며 율법의 허점과 불공정성을 드러내시려 할 때 던져봄직했을 만한 반문이 아닐까 싶어졌습니다. 어쨌거나 이어 그들은 의도가 들켰을지라도 이래저래 둘러대며 율법을 집행할 것을 집요하게 부추깁니다.

그러자 다시 몸을 굽혀 땅에 쓰시기 시작하셨는데 이번엔 좀 더 길게 쓰셨을 듯합니다. 그때 생각나게 해 주셨던 내용이 탈무드에서 읽었던 몇 가지 사례들이었습니다. 유대인들 중에도 집안이 몰락하면 노예로 팔려 가거나 더 절망적인 상황에서는 매춘을 할 수밖에 없는 경우들이 있었습니다. 혹은 남편에게 학대받고 이혼장도 없이 쫓겨나 비참한 삶을 살아야 하는 경우들에서도 막막한 생계를 이어가자니 매춘이 불가피했었습니다. 따라서 유대 공동체는 이런 상황에 빠진 여성들을 구제하고 지원할 것을 중요시 여겼고 강조했습니다. 이것은 신앙 공동체의 책임이며 사회적 의무로 여겼으니까요. 예수께서도 모세가 명한 이혼 증서의 필요에 관한 이유가 사람의 완악함 때문이라 설명하시지요? (마 19:3-9) 이것 또한 같은 맥락을 설명한 것으로 보입니다. 결혼이 영원히 깰 수 없는 언약이라는 본질을 밝히시면서도 여타의 수치로 인해 내보내야 할 이유가 있거든 공식적인 이혼장을 써서 내보냄으로 그 여자가 재혼할 수 있도록 길을 열어주라는 의미를 담고 있습니다. 공식적 이혼녀가 아닌 경우는 재혼할 수도 없었고 당시엔 여성의 경제활동이 허용되지 않았던 터라 급기야 매춘을 할 수밖에 없는 필요악을 미연에 제하라는 배려의 말씀을 주신 것으로 사료됩니다.

이처럼 유대 공동체의 중요한 부분인 구제는 사회적 악이 발생치 않도록 서로 나누고 공유하고 배려하는 마인드가 기본이었습니다. 그들의 이런 연대적 스피릿이 어느 정도였는지 짐작게 할 만한 탈무드의 예들은 무수한데 그중 한 예가 떠올랐습니다. 한 유대 마을에 도적이 발생하자 온 마을 사람들은 베옷을 입었다 합니다. 그리고 금식 선포와 함께 온 마을 사람들이 한꺼번에 며칠간 회개했다 합니다. 그 소년이 배가 곯아 도적질할 정도가 될 때까지 그 아픔을 함께하지 못했고 도와주지 못했다는 연대적 책임감의 토로뿐 아니라, 그들이 함께 나누지 못했기에 발생시킨 원인 제공자요 공범이라는 깊은 자책감 때문에요….

한 범죄자에 대한 비난 대신 온 마을 사람들이 하나님 앞에 공히 통회했다는 이 사례는 참으로 충격적이지 않을 수 없었습니다. 어찌 율법의 기능이 여기까지 닿을 수 있나 싶어 유대인들의 말씀을 향한 진정성 앞에 갑절의 혹독한 회개를 해야 했던 때가 떠올랐습니다. 그들에게 주어진 율법의 기능만으로도 이러했을진대 하물며 하나님의 아들께서 친히 땅에 오셔서 설파하신 시대에 매춘녀에 대해 마땅히 느껴야 했을 공동의 책임감과 도리에 대한 기대는 어떠했을까요? 예수님께서 간음하다 현장에 잡힌 여인 앞에서 돌을 쥐고 있는 이들에게 아마 이것을 상기시키지 않으셨을까 하는 게 필자의 소견입니다.

"이 여자가 노예로 팔려갈 만큼 파산했을 때 구제해준 이웃이 있느냐?

이 여자가 배가 고파 떡을 훔칠 정도일 때 떡 한입 내준 자가 있느냐?

이 여자가 매춘부로 전락할 때 수요자는 여성이더냐? 남성이더냐?

여자를 보고 음욕이 일어나지 않는 자가 이곳에 있더냐? 있으면 그 자가 돌로 먼저 치라!

이웃의 가난을 돌보지 않은 죄, 매춘을 예방치 못한 죄에서 자유한가? 그 자가 먼저 돌로 치라!"

예수님이 땅에 쓰셨음직한 이런 류의 질의 항목은 공동체적, 유대적, 율법적 정서가 배어 있던 그들이 돌을 놓고 물러설 수밖에 없었던 죄목들이 아니었을까? 반면 우리는 어떠한가? 사회적 악에 대한 일말의 책임감이라도 느끼며 살고 있는가? 모든 게 남 탓이고 내 불행의 이유를 저들에게서 찾으며 언성 높여 서로를 향한 비난과 삿대질이 다반사가 아닌가?

우리가 죄인인 이유는 '죄를 지어서가 아니고 죄인으로 태어났기 때문'이란 걸 깨달을 때 비로소 우리의 의지나 노력이 스스로를 구원할 수도, 자유롭게 할 수도 없음이 느껴져 가난한 마음으로 은혜의 자리를 찾게 되는 것 같습니다. 따라서 범죄자들을 볼 때도 그들을 향해 손가락질하기보단 긍휼의 마음과 책임감이 앞서며 그들처럼 죄지을 수밖에 없는 현장에 몰리지 않도록 보호하시고 공급해 주신 하나님께 감사하게 되는 것 같습니다.

언젠가 방송에서 오랫동안 교도소 사역을 하고 계신 한 목사님의 간증을 들었습니다. 20년을 하루가 멀다 하고 교도소를 찾아가 영혼 구령을 한 끝에 그가 사형당하기 직전 회개하고 구원받을 수 있었다며 그 구원 열매에 눈물을 흘리셨습니다. 그런데 그 범죄자는 다름 아닌 한때 신문을 떠들썩하게 장식했던 극악무도한 유명 살인범이었습니다. 전 그때 그 간증을 들으며 전혀 은혜롭지 않았습니다. 도리어 화가 났습니다. 그래서 아버지께 여쭸습니다. "아버지! 이게 웬 낭비란 말씀입니까? 저 목사님의 20년 인생이 너무 가엾습니다. 그 20년을 교도소 밖, 성실하고 착한 영혼들을 구령케 하셨다면 얼마나 보람되고 많은 열매가 맺혔겠습니까? 그리고 또 그들로 인하여 얼마나 무수한 씨앗들이 20여 년간 뿌려졌겠습니까? 어쩌자고 저렇게 극악무도하고 완고한 살인범 하나를 구령하고자 20년을 매달려 지치게 하십니까? 도대체 교도소 사역을 왜 하라 하신 거예요? 자기 맘대로 사회에 해악을 끼치고도 모자라 교도소에서도 저리 복음을 거부하다 죽기 직전 회개라구요? 구원받았다구요? 이러니까 우리 기독교가 욕먹는 거 아니겠어요?"

그런데 그때 한 치의 공백 없이 주의 음성이 곧바로 제 귀를 관통해 가슴에 새겨집니다.

"네가 그의 아픔을 아니? 연쇄적으로 죽이기까지 살의에 불붙여 온 그 지독한 아픔과 상처를 네가 아니? 난 공평한 하나님이야! 교도소 사역은, 나의 사랑이 접근할 수 없도록 차단된 어둠 속 불행의 동굴에 비추이는 나의 마지막이자 끈질긴 사랑의 추격이요 은총이란다."

그 음성이 주는 울림이 어찌나 컸던지 한동안 머리를 맞은 듯 움직일 수 없었습니다. 그리고 얼마 후 우연히 한 기사를 통해 그와 유사한 한 범죄자의 불행하고 비참했던 어린 시절의 가정 폭력과 학교 선생님으로부터의 학대 사연과 범죄 경위에 대해 읽게 되었습니다. 한 어린 영혼을 치열하게 어둠 끝 벼랑으로 몰아간 사단의 무차별 계략과 무자비함 앞에 통곡했습니다. 그 후로는 교도소에 계신 분들에 대한 인식이 달라졌습니다. 우리가 그들이 감당해야 했을 벼랑 끝 학대의 자리에 있어 보지 않은 이상 함부로 예단할 수 없는 사안이라 여겨졌습니다. 그저 궁휼히 여김받아 마땅한 우리와 동일한 영혼일 뿐이라 여겨졌고 그들을 보살폈어야 했을 책임감 또한 무겁게 느껴졌습니다. 그리고 혼잣말로 되뇌입니다. "나도 당신을 정죄하지 않겠습니다…"

집사 스데반 (행 7장)

*참조 " "안, 볼드체는 스데반 집사의 목소리

성령과 지혜가 충만한 자
은혜와 권능을 입은 자
기사와 이적을 행한 자
성령의 지혜로 논쟁에 탁월하여 반대편의 표적된 자

"목이 뻣뻣한 자들아!
너희가 항상 성령을 거스르되
너희 조상과 같이 행하는도다.
너희가 선지자 박해하기를
너희 조상과 같이 핍박치 아니한 자가 없도다.
너희가 의인이 오시리라 예고한 자를 죽였고
의인도 넘겨 살인한 자가 되었도다.
너희가 천사를 들어 전한 율법을 받고도

지키지 아니하였도다."

저들이 마음이 찔려 이를 갈매
귀를 막고 큰소리 지르며 일제히 돌로 치니

"보라!
하늘이 열리고 인자가 하나님 우편에 서신 것을 보노라!
주 예수여 내 영혼을 받으시옵소서!
주여!
저들의 죄를 저들에게 돌리지 마옵소서!"

담대함 들어
아비의 마음을 자녀에게로
긍휼을 들어
자녀의 마음을 아비에게로
용서의 권능을 행한

대언자요 중보자
권능의 사람
집사 스데반!

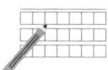

사도행전 6장은 초대교회에 집사가 탄생한 배경이 나옵니다. 초대교인의 수가 늘어나자 다양한 층의 구제와 접대 일이 늘어남에

따라 사도들이 기도와 말씀 사역에 집중할 여력이 부족해지자, 이를 대신해 줄 일곱 집사를 세우게 됩니다. 그리고 그 집사 직분의 조건은 이렇습니다. 성령과 지혜가 충만하여 칭찬받는 사람! 그리하여 이 조건에 적합자로 스데반이 뽑힙니다.

8절 이하를 보면 스데반은 은혜와 권능 또한 충만하여 큰 기사와 표적까지 행하던 자였을 뿐만 아니라 지혜와 성령으로 말함을 당해낼 자가 없었다고 기록하고 있습니다. 이 때에 자유민들이 등장합니다. 이들은 알렉산드리아, 길리기아, 아시아 등에서 디아스포라로 살던 유대인들로서 로마의 노예 신분에서 자유함을 얻은 한 분파인데 유대교 전통을 강하게 고수하던 자들이었습니다. 그래서 이들의 뿌리 깊은 유대이즘은 스데반과의 논쟁을 일으키곤 했습니다. 그러나 어떤 논쟁으로도 스데반의 지혜를 능히 당해낼 수 없었습니다. 급기야 그들은 사람들을 매수하여 거짓 증인 삼습니다. 이 사람 스데반이 모세와 하나님을 모독하는 말을 들었노라는 거짓 증거로.

이로 인하여 공회에 잡혀 온 스데반 집사! 천사와 같은 얼굴로 변론을 시작하는데 마치 한 편의 대서사시를 듣는 듯 하나님의 이스라엘을 향하신 꿈과 역사를 그려냅니다. 그러고는 그런 하나님의 역사에 아랑곳하지 않고 선지자들을 대적했던 조상을 닮아 여전히 그들처럼 목이 곧고 귀에 할례 받지 못한 자들 되어, 율법도 성령도 거스르는 무리들 되어, 지금도 의인을 잡아 죽이고 배반하고 살인하는 자가 되었다고 질타합니다. 이에 분기충천한 이들이 옷을 벗어 던지고 돌을 들어 스데반의 극렬한 순교 집행에 동참합니다.

스데반은 성령과 말씀에 취한 자였습니다. "때를 얻든지 못 얻든지 말씀을 전파하기"(딤후 4:2)에 힘쓴 자였습니다. 이 말씀은 상대의 감정과 상황을 고려하거나 배려하지 않고 말씀을 들이대라는 뜻이 아닙니다. "Be prepared in season and out of season"(딤후 4:2, NIV), 즉 언제나 준비되어 있으라는 뜻으로 기회를 잘 포착하란 뜻을 포함합니다.

이렇듯 늘 준비되었던 자, 즉 성령에 늘 취한 자의 말에는 지혜와 권능이 함께 했음을 봅니다. 그는 어떤 상황 가운데서도 하늘에 접속되어 있었기에 순교하는 순간까지도 빛나는 얼굴의 광채와 시선을 품을 수 있었고 죽음의 고통까지도 돌파하는 파워로 하늘에 발딛고 있었던 듯싶습니다.

사도도, 선지자도, 왕도 아닌 자의 그 영향력과 지혜와 존엄한 태도가 오직 주의 형상 닮았음을 목도하는 귀한 대목입니다. 집사라는 직분의 무게와 그 이름의 무거움 앞에 다시 서게 되는 묵상 시간입니다.

수고하고 무거운 짐 (마 11:28)

죄의 짐
죄의 열매
율법의 짐
위선의 열매
수고하고 무거운 짐진 자들아
다 내게로 오라.
내가 너희를 쉬게 하리라.

육의 짐
육의 반란
육의 거역
육의 가면
나의 멍에를 매고 내게 배우라.
너희가 쉼을 얻으리라.

온유와 겸손의 멍에 따라
육의 질긴 착고가 풀리리니
주의 아름다우심만 내 손과 발과 어깨에 채우소서.

마 11:28 수고하고 무거운 짐 진 자들아. 다 내게로 오라. 내가 너희를 쉬게 하리라.

"수고하고 무거운 짐 진 자들아…내가 너희를 쉬게 하리라!"(28절). 주님의 자상하고 따스한 음성 배인 이 말씀은 언제 들어도 평온함을 줍니다. 위안을 줍니다. 그런데 그 다음 구절을 보고 다소 놀랍니다. 이 유명 구절들이 이렇듯 연결된 한 내용의 말씀이었나? 쉬게 하신다 해서 마냥 안식하길 바랐는데 글쎄…멍에를 메고 배우라 하십니다!

"나는 마음이 온유하고 겸손하니 나의 멍에를 메고 내게 배우라 그러면 너희 마음이 쉼을 얻으리니 이는 내 멍에는 쉽고 내 짐은 가벼움이라"(마 11:29-30).

결론적으로 안식에 강조점을 둔 말씀이라기보다 짐은 내리고 멍에로 치환시켜 바르게 살라는 말씀이었네요? 이어 짐과 멍에를 구별하고자 곱씹어 봅니다. 우선, 인류의 가장 최대의 짐은 죄짐이겠지요? 죄짐을 벗은 날, 복음을 듣고 받아들이며 감격했던 날의 기억은 40여 년이 지난 지금까지 필자에게도 매우 선명합니다. 그때의 감사와 그 이후 누리는 복음의 혜택 또한 무수했지요. 그런데 그렇다고 해서 이후 인생의 짐이 녹록지는 않았던 것 같습니다. 도리어 선한 양심이 찾아듦에 따라 세상 사람들과 공존해야 하는 현실 속 갈등과 번민의 짐이 만만치 않았던 것 같습니다. 제 경우도 40대 초반에 벌써 건강과 일상에 큰 타격을 줄 만큼 번아웃이 심하게 왔으니까요. 짐, 목표, 숙제, 스트레스…세상적 가치와 의무 충족시키랴 주님 영광 드높이랴 게다가 영적 책임까지 더해지다 보니 도리어 위선이 앞서고 더욱 고단한 삶을 살아왔지 않았나 싶습니다.

그런데 이제는 알 듯합니다. 온유하고 겸손하신 주의 멍에를 함께 맨다는 의미를요. 그 대표적인 체험이 영성 시리즈 세 권을 쓴 지난 2022년인 듯합니다. 코로나 후유증에 시달리며 침대에 마른 낙엽처럼 붙어 있었던 이과 출신의 한 소자에게 주의 멍에가 씌워집니다. 그리고 한 권당 1주일 만에 책을 쓰도록 이끄셨습니다. 주께서 소제목을 쏟아내시고 불러 주신 듯한 영감에 사로잡혀 이끄신 대로 적어 내린 게 세 권의 책이 됐습니다. 따라서 명작가들도 수개월, 수년씩 걸린다는 책 출판이 별로 힘들지 않게 이루어졌습니다. 게다가 네 번째 책 영성 시집 《신부의 노래》는 더욱 쉽게 완성이 됩니다. 통독 학교와 묵상 학교를 섬기면서 감동에 따라 묵상을 시처럼 표현해 둔 것들이 있었는데 어느 날 모아 보니 68편이었고 그것이 그냥 시집이 돼 버린 것입니다.

정말로 쉬웠던 멍에…그렇다고 아무것도 하지 않고 무위도식한 것과는 매우 다른 신세계적 체험으로 인해 멍에의 기능에 대해 묵상해 봅니다. 멍에의 기본 기능은 두 마리 이상의 가축이 협업하도록 하는 도구로서 지치지 않게 노동을 분배하는 데에 있습니다. 또

다른 기능 하나는 어린 가축을 훈련시키거나 기본기를 가르치는 용도로 사용됩니다. 이때 어린 가축은 일을 하는 데 필요한 힘을 보태지 않습니다. 그저 어미 소 옆에서 주인의 지시와 통제에 이끌려 반응하는 법을 터득할 뿐입니다. 일정한 보폭과 속도를 유지하여 협력하는 법과 긴 시간 견딜 수 있는 능력을 학습하는 기본기를 다지는 시간일 뿐입니다.

　우리의 삶의 방식을 다시 돌아보는 시간을 가져봅니다. 내 힘으로 내가 설정한 세상 가치와 목표를 가지고 온 힘 다해 삶의 수레를 끌면서, 주님까지 통제하려 하며 살지 않았나? 주님은 보조석으로 밀어 놓고 필요한 때 청구한 것이나 주시면 된다는 식의 마법 지팡이 삼지 않았나? 이제는 성령의 뜻과 힘을 타며 사는 법을 터득했기에 사역 현장에서 힘에 부칠 때마다 다시금 점검해 볼 줄 알게 됩니다. 내 힘과 내 의지로 하는 것과 주님께서 이끄시며 성령의 힘으로 되어지는 것의 차이를 알기에 골방을 먼저 찾습니다. 내 성취를 목표 삼은 것인지 겸손한 주님과의 동행에 참여하는 것인지를 먼저 조명받고 온유하고 겸손하신 주의 멍에를 다시 메기 위해서요.
　주님이여! 주님보다 앞서지도 뒤처지지도 않는 동행의 멍에, 넉넉히 누리게 하소서!

많이 맡은 자 (눅 12:48)

많이 맡은 자에게 많이 달라 할 것이라.
기도하는 부모 밑에서 많은 기도 받은 자
사랑 많은 부모 밑에서 많은 사랑 받은 자
존경스런 스승 밑에서 많은 배움 받은 자
정의로운 조직 아래서 많은 혜택 받은 자

은사를
재물을
시간을
사랑을
교육을 많이 받은 자에게
많이 달라 할 것이라!

눅 12:47-48 주인의 뜻을 알고도 준비하지 아니하고 그 뜻대로 행하지 아니한 종은 많이 맞을 것이요, 알지 못하고 맞을 일을 행한 종은 적게 맞으리라. 무릇 많이 받은 자에게는 많이 요구할 것이요, 많이 맡은 자에게는 많이 달라 할 것이니라.

간혹 모태신앙인들이 자신이 4대손, 5대손이라며 자랑삼는 경우를 봅니다. 크리스천 1세대로 중보받지 못한 채 온갖 풍파의 일선에서 신앙을 개척해 온 필자로선 매우 부럽고 목표 삼게 되는 희망 사항입니다. 그런데 그들이 정말 '못해서' 모태신앙이라는 우스갯소리를 듣는 일도 사실입니다. 또 많은 은사와 능력과 부를 가지신 분들도 은연중에 이 축복을 자랑삼고 뭔가 훈장처럼 여기는 모습을 볼 때가 있습니다. 그때마다 그것이 얼마나 위험한 태도이며 하나님이 어떤 분인지 모르는 상태인지 깨닫게 하시라는 기도를 절로 드리게 됩니다.

하나님은 매우 매우 공평하시고 공정하신 분이시기 때문입니다. 이스라엘 민족이 그들의 지은 죄의 갑절~일곱 배의 형벌을 받아왔던 고초의 역사만 봐도 분명히 이를 증거하고 있지 않습니까? 그 이유는 그들이 말씀을 받은 민족이고 하나님의 어떠하심을 아는 민족이기에 하나님을 모르는 열방들의 죄나 형벌과는 기준을 매우 매우 다르게 두실 수밖에 없었기 때문입니다.

달란트 비유에서도 보면 열 달란트 받은 자에겐 반드시 열 달란트를 내놓으라 하시지만 한 달란트 주신 자에겐 한 달란트만 요구하시는 것을 봅니다. 그렇다면 열 달란트 받은 자가 두 달란트 남겨놓

은혜의 뜰 149

고 자랑스러워할 수 있는 일인가?

믿음의 부모를 가진 자, 사랑이 많은 부모를 가진 자, 기도하는 부모를 가진 자가 받은 축복을 대수롭지 않게 낭비하고 살면서, 힘들게 상처와 외면과 역기능 속에서 버티는 자를 정죄함이 마땅할까? 오히려 그 반대일 것으로 사료됩니다. 많이 받은 자에게 반드시 많이 요구할 것이요, 많이 맡은 자에게 기필코 많이 달라 하실 것입니다.

그런 연유로 필자도 말씀 묵상과 통독을 이어갈수록 거룩한 부담감은 커질 수밖에 없어집니다. 은혜가 이토록 커져감은 곧 받은 많은 은혜를 흘려보내야 함의 책무가 함께 있기 때문입니다. 아마 그런 이유로 필자가 계속해 펜을 놓지 못하게 되는 이유인 듯도 합니다. 은혜가 커져감은 곧 용서하고 대신 짐 져주는 용량이 늘어남 이기에 더욱 기도와 섬김의 자리에서 눈물 흘리고 다듬어지는 시간들을 요하는 듯합니다. 많이 받은 자에게 많이 달라 하심이 우리 하나님의 아름다운 공의이자 공평이기 때문입니다.

은화과

꽃이 지며 맺어지는 열매들
꽃이 없는데 열매 맺는다 하여
무화과.

꽃이 뽐낸 자리 맺힌 열매들
꽃을 숨겨 밀과 맺은
은화과.

꽃이 없어 무화과가 아녔네.
이천 개나 되는 꽃들 숨기운 은화과!

가면 대신 내면을 채운
영광의 꽃 대신 영광의 열매 채운
신이 내리신 겸손의 열매

달콤한 은화과.

하얗게 뿜어내는 유즙
외유내강의 진액
따끔한 은화과.

해독과 살균으로 지켜낸 정결
히스기야를 재생시킨 치유제

하늘에 뿌리를 둔
신이 내리신 치유의 열매

뽕나무과 무화과속
무화과
아닌
은화과!

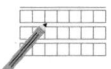

천지 만물을 지으신 하나님께서 만물의 속성 안에 교훈과 경고를 담아 교재 삼으심을 봅니다. 필자가 제일 좋아하는 과일인 무화과는 매우 성경적 과일임을 알고 더욱 좋아하게 됐습니다. 꽃이 없다 하여 붙여진 이름 무화과를 검색하다가 깜짝 놀랄 사실을 발견합니다.

꽃이 없어 보이는 무화과는 정작 꽃이 2천여 개나 된다는 사실 때문에요. 열매 맺는 데 필요한 암꽃과 수꽃이 없었던 게 아니라 우리가 열매로 여기고 있는 그 달콤한 과육 안에 숨겨져 있을 뿐이더라구요. 그래서 좀더 정확한 이름으로 은화과라 붙여봅니다.

다들 자기 영광 추구하길 기뻐하는 인류 가운데, 다들 화려하고 눈에 띄는 영광의 꽃이 되길 힘쓰는 인류 가운데, 부끄러움을 알게 한 진정한 꽃 무화과! 그 드러남 없는 겸손의 비밀과 열매의 풍성함을 담아낸 열매에서 귀한 성경적 교훈과 가치를 발견합니다. 자기 영광을 취하지 않고 한 알 한 알 열매 맺어온 성실한 겸손을 배웁니다.

그뿐만 아니라 무화과의 하얀 진액은 해독 기능과 강한 살균력을 갖고 있다 합니다. 따라서 허준의 동의보감에서도 이를 암종 치료제로 썼다는 기록이 있습니다. 그러고 보니 히스기야 왕이 종기가 생겨 죽게 되었을 때 생명 연장을 위해 기도하자 이사야 선지자로부터 무화과를 취해 바르라 처방받음으로 치유를 받는 장면이 나오지요? 성서학자들은 그 종기가 바로 암종이었을 거라 추측합니다.

밖으론 죄라는 독을 방어하고 해독하며, 드러내지 않고 내면의 열매를 튼실히 키우는 모습! 하나님께서 당신의 백성 이스라엘을 무화과나무에 비유해 오신 깊은 뜻을 깨달으며 그 겸손의 열매가 주는 미덕과 정절과 정결에 감격하게 됩니다.

마지막 세대 (눅 17-18장)

"하나님 나라가 어느 때 임하나이까?"
하나님 나라는 너희 안에 있느니라!

인자의 나타나는 날은
노아의 때와 같으며
롯의 때와 같으리라.
사람들이 먹고 마시고 사고 팔고 심고 집을 짓더니
두 남자가 한자리에 누웠으나
하나는 데려감을 당하고 하나는 버려둠을 당할 것이요.
두 여자가 함께 맷돌 갈다가
하나는 데려감을 당하고 하나는 버려둠을 당할 것이라.

주검이 있는 곳에는 독수리가 모이나니
언약 떠난 백성에게는 사단이 활개치느니라.
환란의 그 날을 감하지 아니하셨더라면

모든 육체가 구원을 얻지 못할 것이어늘
자기가 택하신 자들을 위하여 그날들을 감하시리라.

불의한 재판관일지라도
밤낮으로 찾아와 호소하는 과부의 청을 들어주건만
하물며 하나님께서
밤낮 부르짖는 택하신 자들의 원한을 참으시겠느뇨?

그러나
인자가 올 때에
세상에서 믿음을 보겠느냐…?

눅 18:6-8 불의한 재판장이 말한 것을 들으라 하물며 하나님께서 그 밤낮 부르짖는 택하신 자들의 원한을 들어주지 아니하겠느냐? 저희에게 오래 참으시겠느냐? 내가 너희에게 이르노니 속히 그 원한을 풀어주시리라. 그러나 인자가 올 때에 세상에서 믿음을 보겠느냐?

본문의 불의한 재판장 비유는 대부분 다 아는 예수님의 비유 중 한 예화입니다. 항상 기도하고 낙망치 말아야 하는 이유를 설명하시면서, 어느 도시에 하나님을 두려워하지 않고 사람을 무시하는 불의한 한 재판관을 등장시키십니다. 그리고 그 도시에는 밤낮으로 찾아와 억울함을 호소하며 원수 갚아 주실 것을 구하는 한 과부가 있었습니다. 비록 하나님을 경외치 않고 사람을 무시하는 불의한 재판장일지라도 그 과부의 집요한 청이 번거롭고 귀찮아서라도 들어 줄 수밖에 없으리라는 이 비유를 주시면서 반문하십니다. "하물며 사랑과 공의의 하나님께서 밤낮 부르짖는 택하신 자들의 원한에 대해서 오래 참으시겠느냐?"

이 비유만 딱 떼서 설교를 듣거나 보는 경우에 이것은 끈질기고 집요한 기도를 하라는 증거 구절이 되곤 합니다. 그런데 그 앞뒤 맥락 즉 예수님의 가르침의 흐름을 보면 그 의미가 확 달라짐을 알 수 있습니다. 놀랍게도 이 결론적인 말씀은 마지막 때, 주의 재림의 약속에 대한 이야기였더라구요.

이 가르침의 시작부터 다시 살펴볼까요? 누가복음 17장 20절, 바리새인이 등장하여 하나님 나라와 마지막 때를 질문하는 장면으로 시작됩니다. "하나님 나라가 어느 때 임하나이까?"

그리고 바리새인들에게 "하나님 나라는 여기 있다 저기 있다 못하며 너희 안에 있다"라고 간결히 맺음말을 하십니다. 그리고 나서 따로 제자들에게 상세한 부연 설명을 해 주십니다. 인자의 때는 번개 침 같을 것이며, 노아의 때와 같을 것이며, 롯의 때와 같을 것이며, 두 남자 중 하나만 데려감을 당할 것이며…두 여자가 함께 맷돌 갈다가 하나는 데려감을 당하고 하나는 버려둠을 당할 것이다 (35절). 그러자 제자들이 묻습니다. "where, Lord?"(36절a), 가라사대 "주검이 있는 곳에는 독수리가 모이느니라."(36절b)

즉 언약 떠난 백성에게는 사단이 활개치기 마련이라시며 환란이 올 수밖에 없는 논리성이랄까 합법성 같은 것을 암시하십니다. 이어 'Then'으로 받은 18장 1절 말씀과 곧바로 이어집니다. "Then Jesus told~"(눅 18:1). 이렇게 이어받은 구절 속에서 주신 예가 앞서 말씀

드린 불의한 재판관 이야기인 걸 보면 이것은 너무도 명백한 마지막 때에 관한 비유요 추가 설명을 위한 심중에 관한 예를 드신 것이 맞지요?

> "불의한 재판관이 말한 것을 들으라. 하물며 하나님께서 밤낮 부르짖는 택하신 자들의 원한을 풀어주지 않으시겠느냐 그들에게 오래 참으시겠느냐?"(눅 17:6-7)

그리고는 마무리 구절이 이러합니다. "내가 너희에게 이르노니 속히 그 원한을 풀어 주시리라. 그러나 인자가 올 때에 세상에서 믿음을 보겠느냐 하시니라"(눅 17:8).

이 맺음말을 접하자마자 마가복음 13장 20절 말씀이 곧바로 떠오릅니다.

"…지금까지 이런 환난이 없었고 이후에도 없으리라…만일 주께서 그날을 감하지 아니하셨더라면 모든 육체가 구원을 얻지 못할 것이어늘 자기가 택하신 자들을 위하여 그날들을 감하셨느니라."

그날을 감하신 하늘 아버지, 재판장 되신 아버지의 마음이 어떠신지 곧바로 느껴지시나요? '사랑과 공의의 하나님의 큰 날, 그 구원과 심판의 날이 임함이, 한 불의한 재판관만 못할까 보냐? 내가 속히 너희를 데리러 오리라. 내가 속히 너희를 환란과 원한으로부터 풀어주리라.'

이제 누가복음 18장 1절로 다시 돌아가, '항상 기도하고 낙망치 말아야 될 것을 저희에게 비유로' 하신 말씀을 읊조려 봅시다. 이를 비유로 주신 이유가 선명해지시나요? 그날은 우리에겐 기다림의 끝 날이며 시상식 날이며 축제의 날이요 해방의 날이 될 것입니다.

은혜의 뜰

아버지여!

인류의 축적된 죄의 결과치로 인해 맞게 될 심판의 때를 위해 무엇을 구해야 할지 기도를 가르치소서. 그리고 주의 마음에 합한 그리스도의 신부로서 두려움이 아닌 고대함으로, 옷을 빨며 주의 오실 길을 예비하는 자들 다 되게 하소서.

마라나타 주여!

속히 오시옵소서!

팔복의 뜰

심령이 가난한 자의 복 (마 5:3)

우주의 먼지 한 점에 불과한 살의 형상
형이하학의 결핍과 파산
보고 먹고 만짐의 끝
절대 절망!

그 비밀의 문턱
비참과 나약마저 사멸되는 문턱
그제야 밀려드는 영혼 깊은 곳의 진액
그제야 눈을 뜨는 형이상학의 본질
그제야 조우되는 신기루 같던 나라
그제야 소망하는 아버지 나라
절대 희망!

눈 앞에 가까이 보이는 문
손 뻗어 닿아지는 소망의 문

열린 문 사이로 새어 나오는 아버지의 따스한 음성
그리고 스며 나오는 본향의 향기

아버지께 부여받은 삼위의 형상이
우주를 포용할 사유의 포용이
올라탄 참 행복의 문턱

심령이 가난한 자는 복이 있나니
천국이 저희 것임이라.

마 5:3 심령이 가난한 자는 복이 있나니 천국이 그들의 것임이요.

산상수훈 중 팔복에 나오는 '복'은 신명기 33장 29절에 인용된 '행복'(히: 에쉐르)과, 시편 1편 1절에 등장하는 "복 있는 사람은 악인들의 꾀를 따르지 아니하며 죄인들의 길에 서지 아니하며…"에서 쓰인 '복'과 동일한 단어 '에쉐르'임을 발견합니다. 이어 그 어근을 추적해 봅니다. '에쉐르'(행복/복)는 '아쉐르'에서 파생되었더군요. 그 의미는 'to go straight / advance / make progress'. 그러자 이 단어와 상반된 이미지의 '하마르티아'(죄)란 단어가 섬광처럼 떠오릅니다.

'과녁을 벗어나다'라는 뜻의 '하마르티아'가 죄의 본질을 근본적으로 드러내고 있듯, 행복/복의 본질은 '벗어남 없이, 우리 영혼의 목적되신 주께 곧장 날아가는 것, 퇴보치 않고 진전을 이루는 것'이라는 뉘앙스가 훅 들어옵니다. 이어 파스칼의 '팡세'를 떠올려주십니다.

팔복의 뜰 161

"만약 인간이 신을 위해 지어지지 않았다면 왜 신 안에서만 행복한가?"

"만약 인간이 신을 위해 지어졌다면 왜 그토록 신을 거역하는가?"

17세기 수학자요 과학자요 신학자였던 파스칼은 말년에 강력한 신앙 체험을 통해 인생을 설명합니다. 인생이란 광대한 우주가 점 하나에 불과한 인간(육)을 삼키는 비참함과 함께 사람의 사유(영혼)가 우주를 에워싸는 탁월함을 모두 향유한 존재이기에 그리스도 없이 직면한 인생의 비참함은 절망과 허무로 끝을 맺을 수밖에 없으며, 그리스도 없이 추구한 탁월함은 오만과 무지로 인해 패망할 수밖에 없다 피력했습니다.

이제야 주께서 진정한 복을 결론 내려 주십니다. 결코 물질과 소유로, 부와 학벌로, 결코 스스로는 채울 수 없는 존재를 설명하십니다. 모든 것을 이루고도 자살로 마감한 영혼들과 모든 것을 얻고도 마약에 의존하는 영혼들을 기억게 하십니다.

따라서 진정한 복은, 한낱 살덩어리로 전락된 인생(창 6:3)이 결코 스스로의 힘으로 채울 수 없는 연약함과 비참함을 깨닫게 되는 절망 즉 자기부정 또는 자아 죽음에서 시작하여, 하나님의 위로를 구할 때 임하는 창조주의 부르심, 그 상속의 자리로 회복되는 여정 가운데 있음을 정리해 주십니다.

아름다우신 아버지시여~
세상 만물이 당신의 광대한 아름다움으로 편만합니다.

바짝 말라 벌거벗은 겨울 가로수들마저

당신께 배운 인내로 혹독한 시즌을 견뎌냅니다.
그리고 그 말씀에 순종하여 겨울을 관통한 봄빛을 틔워냅니다.
그러나 정작 창조주의 상속자로 지음 받은 우리 심령만은
가시덤불과 엉겅퀴가 무성합니다.
사랑하려 할수록, 열심을 내면 낼수록,
서로 찔릴 수밖에 없는 이 무수한 가시들….
그러나 주께서 그 가시들로 인해 친히 당신 머리 위에 눌러쓰시고
우리의 악함과 약함과 무지의 저주들에 친히 매달려
우리에게 복(행복)을 얻는 길을 활짝 열어 주셨나이다.

오직 심령이 가난한 자에게만 보이는 문
오직 심령이 가난한 자 앞에서만 열리는 천국의 문
이제는 그 복의 문 앞에 선 자!

진정한 복의 문턱을 넘은 자로,
사랑받기보다 사랑하는 자 위로받기보다 위로하는 자
용서받기보다 용서하는 자로,
광대한 우주를 관통하여 힘있게 오르는 자로,
그 부활 성산으로의 귀한 팔복의 여정 누리게 하소서!

애통하는 자의 복 (마 5:4)

행복하길 꿈꿨습니다.
그 신기루 같은 꿈을 향해 뛰고 또 뛰며

누릴 자격이 있다 여겼습니다.
내 스스로 참고 견디며 열심히 살아왔기에

주님마저 감동시키길 원했습니다.
세상의 원리에 주님마저 가두었음을 모른 채

텅 비고 깨진 내 영혼의 빈 배!
밤낮 수고하고
사력을 다 할수록
더욱 침몰해 가는 뱃머리 앞에서
그제서야 주님을 찾았습니다.

침몰시킬 듯한 인생의 폭풍을 꾸짖으시며
삼킬 듯한 번개와 천둥을 잠 재우시며
내 빈 배의 키를 그제서야 인계 받으신 주님!

소망의 항구 향해 만선의 기쁨 앞에 세우실 때
어린아이처럼 엉엉 울며 통곡했습니다.
이 더러운 죄인을 떠나시라 애통해 했습니다.

이 죄인 앞에 서신 주의
그 흠 없는 아름다우심 때문에

마 5:4 애통하는 자는 복이 있나니 저희가 위로를 받을 것임이요.

'심령이 가난한 자는'으로 시작하는 예수님의 설교, '팔복'은 신앙생활 하는 동안 수없이 들어왔는데 믿는 자들에게 임하는 여덟 가지 복으로 배웠습니다. 따라서 여덟 가지 복 중 제게 허락하신 복을 헤아려보기도 했습니다. "아버지, 저는 수없이 애통해하며 무수히 긍휼히 여기는데 왜 위로도 못 받고 무던히도 긍휼함을 받지 못하나요?" 하며 따지기도 했었습니다. 그러던 어느 날 순식간에 깨달아졌던 바가 바로 여덟 가지 복이 아니라, 심령이 가난함으로 하나님을 대면한 자의 8단계 확장된 복이라는 것이었습니다. 더군다나 내가 애통히 여겨줬기에 누군가로부터 위로의 보상을 받는 기브 앤 테이크(give & take) 개념이 아닌 하나님과의 깊어진 관계에서 오는, 천국을 사는 자로서 누리게 되는, 영적인 지경임에 눈이 뜨였습니다. 그러자 묵상의 심도가 매우 달라짐을 경험합니다.

이렇듯 심령이 가난한 자, 천국 문을 두드려 열린 자에게 임하는 그 다음의 확장된 복, 애통함에 대해 열리자 베드로를 떠올려 주십니다. 안드레의 손에 이끌려 주를 만난 적 있었던 베드로는 (사복음서를 종합해 볼 때) 다시 생업 중입니다. 그저 만선이 삶의 보람이었던 그가 밤새 고기를 한 마리도 못 잡는 절망 가운데 아침을 맞아 그물을 씻습니다. 그때 베드로를 향해 주께서 말씀하십니다. "깊은 데로 가서 그물을 내려 고기를 잡으라." 바다에 대한 전문가는 정작 어부였던 베드로였습니다. 그리고 이미 지난밤부터 아침까지 깊은 곳에 그물을 내린 현장에 줄곧 있었던 자가 바로 그 베드로였습니다. 그런데 이제 목수인 나사렛 예수님의 훈수를 듣습니다. 그 말씀을 따라 믿음으로 반응해 봅니다. 전적으로 신뢰하며 의지해 봅니다. 그래서 씻었던 그물을 다시 들쳐 메고 배를 탑니다. 베드로가 절망과 한숨으로 겨우 그물을 꼼꼼히 씻어 들여놓던 차 다시 메고 나가는 일이 쉬웠을까요? 결코 그렇지 않았을 것입니다. 그러나 심령이 가난해진 자에게는 귀가 열리게 돼 있습니다.

바로 그때, 귀를 열고 순종으로 반응했던 그 자리에서 자신의 삶의 경험과 지식과 전문 영역을 뛰어넘는 기적을 체험합니다. 그물이 찢어지도록 잡힌 만선의 경이! 환호성이 터질 수밖에 없는 그때, 덩실덩실 춤이 나올 수밖에 없는 바로 그때에, 그러나 그 앞에서 튀어나온 건 환호성도 춤도 감사의 탄성도 아니었습니다.

"나는 죄인이로소이다! 나를 떠나소서!" 그 크나큰 경이와 함께 계신 거룩한 분 앞에 선, 비로소 발견되는 자신 안의 죄의 속성과 지배로 인해 주저앉아 그저 애통을 토할 뿐이었습니다. 그리고 이 장면은 끝도 보이지 않았던 터널 속에서 주와 조우하며 이루어졌던 필자의 스토리이기도 합니다.

여기서 사용된 애통의 헬라어 '판테오'는 '애도하다, 슬퍼하다'의 뜻으로 주로 죽음을 포함한 깊은 상실에 대한 슬픈 감정을 말합니다. 즉 베드로가 느꼈을, 죽어 마땅한 자기부정과 자기 부인의 최상급 표현이라 여겨집니다. 이에 해당하는 히브리어인 '나함'을 찾아, 쓰였던 구절을 구약에서 들춰보니 놀랍게도 인류의 죄로 일어난 하나님의 깊은 애통과 후회의 구절, 창세기 6장 6절이더라고요.

> "여호와께서 사람의 죄악이 세상에 가득함과 그의 마음으로 생각하는 모든 계획이 항상 악할 뿐임을 보시고 땅 위에 사람 지으셨음을 한탄하사 마음에 근심하시고 이르시되 내가 창조한 사람을 내가 지면에서 쓸어버리되 사람으로부터 가축과 기는 것과 공중의 새까지 그리하리니 이는 내가 그것들을 지었음을 한탄함이니라 하시니라"(창 6:5-7).

나의 깊이 감춰둔 죄로 인하여, 나의 끊어내지 못한 선조의 죄로 인하여, 내가 자녀에게 물려준 죄로 인하여, 내가 주를 주인 삼지 못함으로 사단의 비방거리가 된 죄들로 인하여, 애통해하는 복! 그 복이 임하고서야 드디어 내 존재의 실상을 깨닫게 됩니다. 그제서야 내가 있어야 할 처소를 깨닫고 거룩하신 분 앞에 정렬되는 본분 앞에 서게 됩니다. 진정한 내 영혼과 삶의 필요가 무엇인지 깨닫고 아버지께 돌아가는 여정에 올라타게 됩니다. 이 참된 복의 여정이 다시금 헤아려지는 시간들 다 되셨으면 합니다.

온유한 자의 복 (마 5:5)

번쩍이며 흩날리는 갈기
의기양양하게 품어내는 콧김
간담을 서늘케 하는 말굽소리

위험 앞에 두려움 없고
칼 앞에 물러섬 없고
창의 날카로운 부딪힘에 요동치 않는

나팔 소리에 전력 질주를
전장의 함성에 맹렬 진격을
그러나
주인의 소리에 멈춤을 아는

조련된 야생마에 붙은 이름
"프라우스!"

마 5:5 온유한 자는 복이 있나니 저희가 땅을 기업으로 받을 것이요.

'온유'는 친절한(gentle) 또는 겸손한(humble)으로 번역되어 있어 자칫 부드럽고 나약한 이미지를 줄 수 있습니다. 그러나 그에 해당하는 헬라어 '프라우스'는 거친 야생마를 길들일 때 쓰였던 단어로 주인의 통제와 지시를 따르면서도 그 본래의 강력한 힘을 잃지 않는 모습, 곧 자신의 힘을 절제하고 통제하는 성품에 기반하고 있기에 '순종'이라는 단어에 더 가깝지 않나 싶습니다.

'온유함이 지면의 모든 사람보다 승했다'(민 12:3)는 온유의 대표적 인물, 모세가 그리하여 약속대로 그에게 구약이라는 시대와 율법의 땅을 맡김 받은 듯합니다.

> "온유한 자는 복이 있나니 저희가 땅을 기업으로 받을 것이요"(마 5:5).

'나는 마음이 온유하고 겸손하니'라고 표현하신 예수님 또한 신약 시대의 땅과 영원한 나라의 땅과 영원한 다스림을 맡으신 바, 예수님과 모세 모두 나약함과는 거리가 멀지요? 온유한 자란 결코 호구가 아닙니다. 절제된 열정을 순종으로 바꿔내는 자를 말합니다. 용서해야 할 때와 훈계해야 할 때를 압니다. 포용해야 하는 것과 단절해야 하는 것을 압니다. 일어나 말할 때와 잠잠히 기도해야 할 때를 아는 자입니다. 그렇다면 이 순종과 온유를 얻는 비결은 무엇일까요?

앞서 팔복을 언급하며 이것이 복의 종류가 아니라 단계라 말씀 드렸듯이 마음이 가난해진 자의 복으로 인해 하나님을 대면하게 되면 반드시 자신의 존재적 죄와 숨겨진 죄까지 볼 수 있는 눈이 열립니다. 그러자 수많은 죄 인식으로 인한 애통함, 즉 스스로에 대한 파산선고 및 자기 부인과 자기 부정이 임하는 순서를 맞게 됩니다. 그런데 이때 자기 합리화로 스스로를 위로하고 스스로를 다시 포장하게 되면 양심이 무뎌질 뿐 아니라 지혜가 어두워져서 온유의 단계로 결코 나아갈 수 없는 듯합니다. 이때 자기 존재의 어떠함을 바닥까지 토로하고 비워짐의 영성이 임한 자에게야(수개월, 수년 또는 평생이 걸리기도 하지만) 진정 하나님과의 담이 깨지면서 하늘의 위로로 채워지고 온유함과 순종의 능력이 자연스럽게 찾아드는 것 같습니다.

그리고 그런 자에게야 다스릴 땅을 맡기십니다. 영적 리더십의 권위를 부여하십니다. 힘으로 누르는, 군림을 권위라 착각하는 슬픈 세대를 부끄럽게 하십니다. 참 권위는 거룩에서 나옴을 천명하십니다. "나는 죄인이로소이다.", "나는 괴수 중의 괴수로소이다." 고백했던 베드로처럼 바울처럼, 주님의 권위 앞에 온유함으로 순종하는 자에게 비로소 하늘로부터 영적 권위가 임하고 경작할 땅과 기업과 누구도 흔들 수 없는 리더십의 터가 부여됩니다.

우리에게 그 첫 번째 땅은 자녀인 듯합니다. 그래서 부모 된 자를 먼저 부르시는 이유인 듯합니다. 아브라함을 부르시기에 앞서 아버지 데라를 먼저 부르셨음의 단서가 보물 찾기 하듯 구약에 숨어 있음을 발견합니다. 데라는 순종의 강을 건너기를 주저해 하란에서 멈춰선 자며 땅을 맡김 받지 못한 잊혀진 자가 되었습니다.

동일한 시험과 온유의 훈련이 우리 일상 가운데 이토록 편만함에 오늘도 그저 순종의 사람, 온유의 사람으로 세워져 저마다 맡기신 땅의 경작이 풍성하시길 간절히 소망하게 됩니다.

의에 주리고 목마른 자의 복 (마 5:6)

온유한 자를 공의로 지도하심이여
온유한 자에게 그 도를 가르치시리로다.

오직 온유한 자는 땅을 차지하며
풍부한 화평으로 즐기리로다. (시 37:11)

여호와의 도를 지켜
의와 공도를 행하게 하셨나니
온유로 옷 입히신 자들의
의에 주리고 목마름의 복이 승하게 하시사
하늘의 의와 공도로 배부르게 하소서.

여호와의 의와 공도가
하늘에서 이룬 것 같이
이 땅에서도 이루어지게 하옵소서.

마 5:6 의에 주리고 목마른 자는 복이 있나니 저희가 배부를 것임이요.

온유한 자를 묵상하는 시기에 뜬금없이 시편 25편으로 인도하십니다. 그리고 9절에 시선이 집중케 하셨는데 화들짝 놀라지 않을 수 없었습니다. 팔복의 여정 중 온유한 자에서 의에 주리고 목마른 자로의 링크에 대한 정확한 증거를 눈앞에 갖다주신듯해서요.

"온유한 자를 공의로 지도하심이여 온유한 자에게 그 도를 가르치시리로다"(시 25:9).

이 구절을 원어 의미에 가깝게 해석해 보니, '온유한 자를 공의의 길로 꺾어 들어오게 하고 그에게 주의 길을 가르쳐 훈련시킨다'쯤 됩니다.

이 한 구절로, 주의 법과 가치를 들음으로(구약), 심령이 변화되며 주와 연합하는(신약) 삶, 기꺼이 순종하는 자로 세워가시는 우리 신앙 여정을 명쾌히 표현하신 듯합니다.

이어 믿음의 조상 아브라함을 통해 하나님 나라 시작하실 때에 주신 말씀, "여호와의 도를 지켜 의와 공도를 행하게 하셨나니"(창 18:19)라는 구절 또한 떠올려 주십니다.

그뿐만 아니라 솔로몬 왕이 하나님께 지혜를 구했던 장면도 상기시키십니다.

"종은 작은 아이라 출입할 줄을 알지 못하고 주께서 택하신 백성

가운데 있나이다…누가 이 많은 백성을 재판할 수 있사오리까 듣는 마음(지혜)을 종에게 주사 주의 백성을 재판하여 선악을 분별하게 하옵소서"(왕상 3:7-9).

그가 지혜(discerning heart: 듣는 마음, 분별력)를 구했던 이유가 억울한 백성이 없도록 잘 재판할 수 있는 의와 공도를 행함의 능력 즉 공감과 분별력의 필요였음을 엿볼 때 다스림의 가장 기본은 의와 공의인 듯합니다. 구약의 율법 또한 억울하고 불의한 일이 없기를 하나님께서 얼마나 바라시고 이 땅에 정의와 공의가 구현되기를 원하시는지 속속들이 드러나 있습니다.

따라서 다스림의 땅을 맡김 받은 자는 처절하게 의에 주리고 목마를 수밖에 없는 듯합니다. 공중 권세자가 다스리는 각 처처마다, 불의한 현장마다 정신병이 올 정도로 의에 목마를 수밖에 없어집니다. 혹여 아합과 이세벨과 같은 지도자를 허락하심도 우리로 의와 공의에 목마르도록 내어 주심이며 또한 그 모습들을 거울삼아, 맡겨진 내 지경의 수장으로서 돌아보라는 경고와 회개를 촉구하시는 게 아닌가 싶어집니다.

주의 법도를 아는 자가 이 악한 땅을 살아감이 갑절로 힘든 이유가 바로 여기 있는 듯합니다. 그러므로 그 목마름을 유일하게 만족시키는 하나님 나라의 완전한 공의와 아름다움에 취하고자 기도의 자리로 그저 달려가게 될 뿐이지요. 그러므로 정작 의에 주린 그는 복받은 자입니다. 의에 주리고 목마른 자에게 임하신 하나님의 온전한 아름다우심이 기도의 깔때기를 타고 목마른 그에게 부어질 것이기 때문입니다. 할렐루야!

긍휼히 여기는 자의 복 (마 5:7)

이 땅에 사는 사람을 두 가지로 분류해 볼래?

남성과 여성이요?
성정체성의 다양화로 성별이 72개라던데

개과와 고양이과요?
개도 고양이도 아닌 돼지도 나무늘보도 있던데

이탈리안과 비이탈리안이요?
그건 다이애나의 자기애국적 견해이고

유대인과 이방인이요?
그건 율법 시대의 유대인들 생각이지

믿는 자와 안 믿는 자요?

근접했는데 시점을 바꿔볼까?

아하!
긍휼히 여기는 자와 긍휼히 여김 받은 자!

마 5:7 긍휼히 여기는 자는 복이 있나니 저희가 긍휼히 여김을 받을 것임이요.

'이 땅엔 두 종류의 사람이 산다. 긍휼히 여기는 자와 긍휼히 여김을 받을 자!'

이 깨달음은 다스림의 땅을 맡은 자가 의와 공도로, 눈물과 기도로, 기업을 이루어 가다가 어느 순간 맞닥뜨리는 눈뜸에 가까운 것인 듯합니다. 그리고 나의 나 됨은, 오직 주의 긍휼히 여기시는 은혜에 기반됨을 진실로 발견합니다. 그러자 눈물 없는 예배는 드릴 수가 없어집니다.

그러다가 어느덧 긍휼을 입은 자의 자리에서 주와 함께 긍휼히 여기는 편으로 옮기어졌음을 감각합니다. 상처를 주는 자, 상처로 힘들어 하는 자, 분노하는 자, 용서할 수 없는 자, 무례한 자, 교만한 자, 대책 없는 자, 무지한 자, 아둔한 자, 자기 위로 찾아 각종 중독에 빠진 자…. 교회 다니고 안 다니고를 떠나 저마다 주의 왕권으로 들어가지 못하고 사단의 횡포에 묶여 바둥거리는, 그저 긍휼히 여겨야 할 자로 가득한 세상임이 통찰됩니다.

그곳은 한때 내가 있었던 자리입니다. 그리고 이제 자리가 옮기어져 있지만 나는 여전히 하나님께로 긍휼히 여기심의 복이 더 절실히 필요한 자입니다. 긍휼히 여기는 심령 안에는 정죄와 비난이 물러갈 수밖에 없습니다. 은혜에 대한 갈망과 감사로 가득하게 됩니다.

"긍휼히 여기는 자는 복이 있나니 긍휼히 여김을 받을 것이요"(마 5:7).

하나님의 이 긍휼은 그러나 결코 불의할 수 없는 의와 공도 안에서 작동된다 말씀하십니다(롬 9장). 의에 주리고 목마른 자가 긍휼히 여기는 자의 자리로 옮겨지는 이유입니다.

여호와께서 이르시되, 내가 내 모든 선한 것을 네 앞으로 지나가게 하고… 긍휼히 여길 자에게 긍휼을 베푸느니라(출 33:19).

마음이 청결한 자의 복 (마 5:8 영성 시집 《신부의 노래》 삽입시)

비 오듯 튀는
창밖 흙탕물
내 주님 얼굴 가릴까 하여
씻고 또 씻어냅니다.

과녁 맞추듯 던져진
창 위 오물들
내 주님 눈동자 가릴까 하여
닦고 또 닦아냅니다.

살포시 앉은
창에 먼지 한 톨
내 주님 눈빛 그르칠까 하여
살며시 불어냅니다.

주님여
먼지 한 톨도 허락지 마소서.
주님께 밀착된
마음의 창이
사랑의 빛 한 입자도 가릴 수 없도록

마 5:8 마음이 청결한 자는 복이 있나니 저희가 하나님을 볼 것이요.

 긍휼히 여기는 자가 된다는 것은, 곧 자기중심적 시각에서 중심을 보시는 하나님의 시각으로 관점이 바뀌는 걸 말하는 것입니다. 따라서 사단에게 속해 끌려다닐 수밖에 없는 영혼 깊은 곳들의 실상을 볼 수 있는 눈이 생긴다는 말입니다. 그래서 이 깨진 세상을 살아가는 깨진 형상들을 향해 긍휼히 여기지 않을 수 없어집니다.
 이 깨진 형상들에 대한 통찰은 먼저 자기 성찰에서 시작됩니다. 이는 곧 사단에 속했던 자기 내면 곳곳의 더러움과 깨짐을 속속히 발견하는 예민함에서 시작되어 영적 집중력이 되고, 나아가 영적 성장을 저지했던 사단의 진들을 조명받아 파함으로 급격한 성숙으로 나아가게끔 합니다. 내면의 죄에 속한 속성들이 주께서 보여주신 족족 잘려 나가고 뿌리 뽑히고 씻겨집니다. 육에 속한 것들을, 하나님이 미워하시는 것들을, 구겨진 심령의 갈피 갈피와 구석구석으로부터 자원함으로 쫓아내게 됩니다.
 이제 맑아지고 청결해진 영혼은 점차 하나님께로 세밀히 튜닝될 힘을 얻기 시작합니다. 관점도 취향도 그분께 맞춰 조율되기 시작합

팔복의 뜰 179

니다. 하나님께로 듣는 음성이 명료해집니다. 그러므로 모든 사고와 삶의 순간순간에 간섭하시는 하나님이 더 이상 이상 속의 관념으로 남아있을 수 없습니다. 현실과 일상 속에 함께 실존하고 동행하는 최고의 친구요 멘토가 돼 주십니다. 욥이 귀로 듣기만 했던 여호와를 눈으로 뵙는다 고백했던 의미가 바로 이것이리라 봅니다.

"내가 주께 대하여 귀로 듣기만 하였사오나 이제는 눈으로 주를 뵈옵나이다"(욥 42:5).

모세가 친구와 이야기 나누듯 하나님을 뵈었다는 말씀의 의미가 바로 이것이리라 봅니다. 이처럼 맑아져 하나님을 볼 수 있는 복에 이른 자는 중보라는 영적 자기장을 형성해 카이로스의 시간을 끌어 옵니다. 이것이 바로 부모가 자녀에게, 리더가 공동체 안에 선사할 수 있는 가장 강력하고도 최고가는 선물이 아닐까요? 두려워 떨었던 게하시에게 엘리사가 눈 열어 선물해줬던 장면처럼요!

마음이 청결해진 자가 얻는 복, 하나님의 얼굴을 뵈옵는 그 복의 충만함이 모든 성도들 위에 임하시길 축원합니다.

화평케 하는 자의 복 (마 5:9)

인생이란
그저 한 정거장.
영원한 다음 세계로 가는 열차의 한 정거장!

성공한 인생이란
본향으로 가는 열차를 탄 인생.
범죄자건 노숙자건 간에 종국에 본향의 열차를 탄 인생!

더욱 성공한 인생이란
많은 이들을 이 열차에 태우는 사람.
잘못된 열차를 타지 않도록
무기력하게 주저 앉지 않도록
탄 자들이 중간에 내리거나 환승치 않도록
돌보고 공급하고 충동을 가라앉혀 인내로 인도하는
승무원 같은 사람.

그 열차 승무원의 명찰엔 이렇게 쓰여 있으리.
"화평케 하는 자, 하나님의 아들!"

마 5:9 화평케 하는 자는 복이 있나니 저희가 하나님의 아들이라 일컬음을 받을 것임이요.

화평이란? 좋은 게 좋은 거지? 이런들 어떠하리, 저런들 어떠하리? 그저 싸우지 않고 양보만 하고 살라는 뜻일까요? 사람 좋다는 평을 받고 사는 이들을 세심히 관찰해보면 기준이 없거나, 생각이 없거나, 인정 욕구를 만인에게 채우려는 무의식이 자리한 경우가 상당함을 감지할 수 있습니다. 그렇다면 화평이 진정 무엇일까요? 이제 화평한 자의 의미를 여쭙고자 아버지께 가져갑니다. 그런데 뜻밖에 이와 상반된 말씀을 주십니다.

'내가 화평을 주러 온 줄 아느냐? 검을 주러 왔노라… 내가 온 것은 사람이 그 아비와 딸이 어미와 며느리가 시어미와 불화하게 하려 함이니 사람의 원수가 자기 집안 식구이리라'(마 10:34-36).

예상 밖의 이 말씀은 예수께서 열두 제자들을 세상 가운데 파송하실 때, 이는 이리 가운데 양을 보냄 같다고 안쓰러워하시며 주신 강령 중 하나입니다. 가정의 축복과 연합을 강조하신 성경의 기조들과 매우 상반돼 보이는 난제 구절이라 도리어 시험에 들게 하는 경우도 있어 안타깝지만 정작 화평의 깊은 의미와 본질을 극단적으로 시각화시킨 명언이라 여겨집니다.

그러므로 진정한 화평의 의미를 캐내기 위해 화평의 왕이시고 하나님의 아들이신 예수님을 본보기 삼아야 할 듯합니다. 예수님께서 이 땅에 오신 목적과 오셔서 하신 일을 곰곰이 상기해 보니 바로 답이 건져지네요. 화평의 본질은 곧 예수님의 중심 사역인 하나님과 우리 사이에 죄로 막혔던 담을 허는 것! 그리하여 영혼의 참 아버지인 하나님께 인도하여 관계를 회복시키는 것이네요!

그렇다면 우리도 작은 예수로 살면서 담을 허는 화평한 자로 서야 할진대 필수 요건이 무엇일까요? 혼란을 가중시키고 속이는 존재들의 방해를 꿰뚫으며 담의 경계를 분명히 알아야 하지 않을까요? 헐어야 할 죄에 대한 예민한 분별력으로 자신의 담이 먼저 헐리는 경험이 우선되어야 하지 않을까요? 이 경로를 다른 말로 기술하자면 앞서 언급한 마음이 청결한 자의 복이 이루어지는 과정이라 할 수 있습니다. 마음이 청결하여 하나님을 본 자, 곧 한 올의 가림막 없이 하나님을 대면한 자는 하나님 아버지와의 온전한 관계 회복 속에 친밀감을 누리는 자입니다. 이 동행이 화평케 하는 자로서 전제되어야 함은 너무 자명한 이치가 됩니다.

이제 모종의 오해를 불러 일으켰던 그 말씀으로 되돌아가 보겠습니다. '내가 화평을 주러 온 줄 아느냐? 검을 주러 왔노라…사람의 원수가 집안 식구이리라'(마 10:34)는 말씀은 곧 공동체 의식이 매우 강했던 유대인들에게 혈연이나 지연 관계의 축복이 도리어 복음의 가치를 넘어선 우상이 되어 하나님과 담을 쌓는 일에 가담케 하는지 유의하라는 권면이 아닌지요? 혈육의 정과 전통 또는 율법이라는 이름이 가치 전도를 방해하도록 내버려두거나 휩쓸리지 말라는 극단적 당부가 아닌지요? 그리고 이러한 일은 실제로 유대인들 가운데 뿌리 깊은 걸림돌로 2천 년이 지난 지금까지도 예수님을 받아들이지 못하게 하는 주된 이유가 되고 있음을 수없이 목도하고 있습니다.

　인생이 무엇일까요? 이 땅에서 육의 생명을 얻은 이유가 무엇일까요? 우리가 육체를 입고 이 땅에 사는 이유는 곧 육체를 갈아입고 돌아가야 할 본향행 구원열차를 타기 위해서입니다. 이 구원의 깊은 은혜를 알게 된 자 그리하여 구원 안에 들어온 자는 이제 아버지의 기쁨과 마음이 어디에 있는지 알기에 본향으로 가는 열차에 많은 영혼을 태우고 보살피고 보호하는 동역의 여정을 함께 하게 됩니다. 그 열차의 승무원들! 그들 가슴엔 '하나님의 아들'이라 쓰인 명찰이 채워져 있을 것입니다. 이 이름이 너무 잘 어울리는 '화평케 하는 자의 복' 다 얻으시길 축원합니다.

　"화평케 하는 자는 복이 있나니 저희가 하나님의 아들이라 일컬음을 받을 것이라!"

의를 위하여 핍박받는 자의 복 (마 5:10)

짙은 밤하늘을
쏜살같이 침범하는 혜성처럼
위협적인 존재

새까만 여름 밤에
느닷없이 켜진 반딧불처럼
불 밝히는 존재

놀란 어둠의 세력이
퍼붓는 집중 포화
다급한 사단 군단의
무차별 사격현장

허다한 증인들의 목도
무수히 입증된 표적들

예수의 흔적이 인친 증거들

의를 위하여 핍박받는 자의 복!
천국이 바로 저희 것이라!

마 5:10 의를 위하여 핍박받는 자는 복이 있나니 천국이 저희 것임이라.

팔복 중 최고의 복, 핍박받는 복! 이것이 왜 최고의 복일까? '의를 위한 핍박'이란 점에 힌트가 있는 듯합니다. 즉 공중 권세 잡은 사단의 눈에 요주의 인물이란 증거이기 때문일 것입니다.

사람들은 못 알아볼지라도 그들 감각엔 마치 어둠 속의 혜성과 같이 너무도 분명하고 위협적인 존재로 읽혀지기에 (귀신이 먼저 예수를 알아봤듯) 최고 수위의 선제 공격을 할 수밖에 없는 이치로 설명됩니다. 따라서 그들의 핍박은 전쟁과 같아서 도리어 이를 지켜보는 허다한 영적 증인들이 공히 입증할 수밖에 없는 하나님의 아들이라는 증거이자 방증이 됩니다. 그러니 도리어 기뻐할 이유가 분명하지요?

"나로 말미암아 너희를 욕하고 박해하고 거짓으로 너희를 거슬러 모든 악한 말을 할 때에는 너희에게 복이 있나니 기뻐하고 즐거워하라 하늘에서 너희의 상이 큼이라"(11-12절).

그럼에도 불구하고 여전히 기뻐하기 힘든 것이 핍박의 복 아니겠습니까? 그냥 쫌 견디라는 당부도 아니고 복이라 말씀하신 이유가 있을까요? 팔복으로 시작하신 산상수훈을 읽어가다 말미에서 그 단서를 찾아냅니다.

마태복음 5장의 주옥같은 가르침을 마무리하시면서 다시 한번 핍박에 대해 반복된 말씀을 주시는 대목인데요, 이때 한층 수위를 높이십니다. "원수를 사랑하고 핍박하는 이들을 위해 기도하라!"

견디고 기뻐하는 것도 못 할 일인데 게다가 핍박하는 이들을 위해 사랑하고 기도하고 축복까지 빌어주라고요? 도대체 이것이 감정의 동물인 우리에게 가당키나 한 일일까요?

사람의 성정으로나 율법으로나 도저히 불가능해 보입니다. 그런데 예수의 영으로 능함을 설명하시려고 팔복과 이 결론 구절 사이에 심금을 찌르는 설교를 깔아 내신 듯해 보입니다.

예수의 영! 그것의 충만은 마치 마약에 취한 것 같은 현상을 가져옵니다. 필자의 개인적 소견에 의하면 그런 영적 엑스터시를 흉내 내기 위해 사단이 모방한 게 마약이지 않나 싶습니다. 이 현상은 엄청난 진통 효과를 가져올 뿐 아니라 인간의 한계를 뛰어넘는 심적 물적 파워를 가져옵니다. 스데반 집사의 순교 현장에서도 보여지듯 카이로스의 환영과 환희에 접속시키는 4차원적 캡슐과 같은 게 아닐까 싶습니다. 그런데 이 강력한 영적 현상의 온전한 최고치는 핍박받는 현장이라야 가능합니다. 따라서 많은 이들이 믿기 힘들만큼 목도케 될 그 핍박의 현장은 또 한 번의 '하나님의 아들'이라는 확증에 방점을 찍는 빌미를 제공합니다. 게다가 이번엔 영적 존재들뿐 아니라 이를 목격한 지상의 존재들과 온 천하 만물들을 앞에 두고 '하늘의 상속자'임을 선포하는 축포를 쏘시는 것과 같은 순간이 됩니다. "하늘이 열리고 인자가 하나님 우편에서 맞으시니"(행 7:56), 천국이 저의 것이 된 것이지요?

　이 최고의 복을 얻은 자들은 종국에, 새 하늘과 새 땅이 열리는 시점에, 하늘의 지극한 상과 함께 천국이 저희 것이 될 것입니다(12절). 그 예비하신 상의 분량이 얼마나 많기에 순교자의 수가 차기까지 재앙을 허락하신다(계 6:12) 하셨을까? 가늠키마저 불가능한 이 역설적 소망이 우리 인식으로는 소화하기마저 쉽지 않을지라도 믿음의 분량을 키워봅니다. 그 믿음의 그릇에 예수의 영으로 충만히 채우시는 은혜가 날로 더해지는 천국의 소유자들 다 되시길 기도합니다.

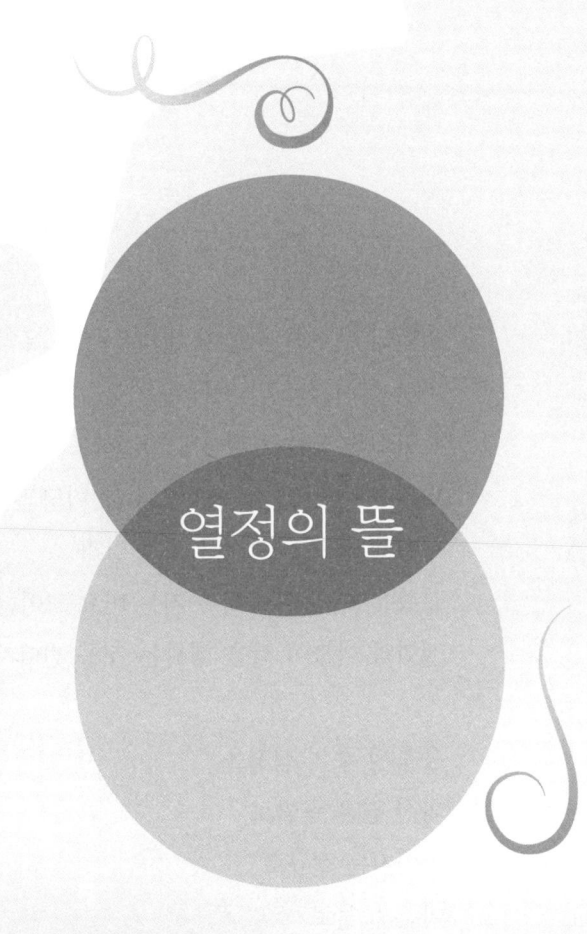

열정의 뜰

마음이 불붙는 것 같아서 (렘 20:9)

너희의 무수한 제물이 내게 무엇이 유익하뇨?
나는 살진 짐승의 기름에 배불렀고
수염소의 피를 기뻐하지 아니하노라!
너희가 내 앞에 보이러 오니 내 마당만 밟을 뿐이니라!
헛된 제물을 다시 가져오지 말라!
분향은 나의 가증히 여기는 바요 모이는 것도 그러하니
성회와 더불어 악을 행하는 것을 견디지 못하겠노라!(사 1:11-14)

응축된 주의 심경을
화산 같은 폭발로
쏟아지는 절규로
아픈 눈물로
쏟아내게 하시매
나를 깨뜨리소서!
마음이 주의 분노의 화염에 불붙음 같아서

질그릇에 담기조차 벅찬 화력에 산산히 부서질지라도 그리하소서!

화 있을진저 외식하는 자들이여.
너희는 천국문을 사람들 앞에서 닫고 너희도 들어가지 않고
들어가려 하는 자도 들어가지 못하게 하는도다!
화 있을진저 외식하는 이들이여.
너희는 교인 하나를 얻기 위하여 바다와 육지를 두루 다니다가
생기면 너희보다 배나 더 지옥 자식이 되게 하는도다!(마 23:13-14)

은혜를 특권 삼는
복음을 방편 삼는
진리를 곤봉 삼는
사역을 기득권 삼는
21세기 교회 앞에서
나를 깨뜨리소서!
마음이 주의 분노의 화염에 불붙는 것 같아서
골수에 사무침을 감당치 못하고 산산히 부서질지라도 그리하소서!

렘 20:9 내가 다시는 여호와를 선포하지 아니하며 그의 이름으로 말하지 아니하리라 하면 나의 마음이 불붙는 것 같아서 골수에 사무치니 답답하여 견딜 수 없나이다.

'마음이 불붙는 것 같은' 예레미야의 심정이 임할 때, 그 대상은 세

상 사람이 아니더라고요. 교회 안이더라고요. 세상 사람들은 하늘의 가치를 모르고 하늘의 영광을 보지도 듣지도 못한 맹인이자 귀머거리 된 삶을 살기에, 그들의 가치에 따라 헛된 땀과 수고로 삶을 소모하기에, 그저 애처롭고 가여울 뿐이더라고요. 반면에 안다고 하는 우리 교회 안의 죄를 볼 때면 마음이 불붙는 것 같을 때가 종종 있습니다. 예수께서도 "너희가 맹인이 되었더라면 죄가 없으려니와 본다고 하니 너희 죄가 그대로 있느니라"(요 9:41) 하시며 바리새인들을 꾸짖으시는 걸 보면 주님의 기준은 진짜 공정하신 것 같아요.

구약에서 엄중한 주의 경고를 자세히 보면 그 기준이 이스라엘과 열방과는 사뭇 다름을 봅니다. 말씀을 맡은 자 곧 제사장 나라 백성으로서 짐짓 짓는 죄의 무거움은 심히 더해져서 7배나 징치를 당할 것이라(렘 26장) 하셨고 로마서 2장에서도 율법 없이 범죄한 자는 그 양심이 증거가 되나 율법이 있고 범죄한 자는 율법으로 말미암아 심판 받는다 하셨는데, 심지어 우리 신약 백성 곧 마음판에 새기신 성령의 법에 따라 사는 자들의 기준은 얼마나 높을지 하나님의 공평하고 공의로우심 앞에 사뭇 잠잠케 됩니다. 그럼에도 불구하고 사랑과 은혜를 바꿔 방종 삼으며 천국 문을 사람들 앞에서 닫고 들어가지 않고 들어가려 하는 자도 들어가지 못하게 하는(마 23:13), 숫자적 전도 현장… 교인 하나를 얻기 위하여 바다와 육지를 두루 다니다가 생기면 배나 더 지옥 자식이 되게 하는(마 23:15), 성취적 선교 현장을 돌이켜보며… 어느 누구를 향함이 아닌, 이토록 계시를 열어 주사 하나님 뜻을 알게 하신, 한 은혜 입은 자로서의 마땅한 자세를 재차 다잡아 봅니다.

"무릇 많이 받은 자에게는 많이 찾을 것이요 많이 맡은 자에게는 많이 달라 할 것이니라"(눅 12:48).

마음이 뜨겁지 아니하더냐? (눅 24:32)

전해들은 복음
설파되던 말씀
급기야 주의 육성 파장 타고 가슴 중앙 관통할 때
마음이 뜨겁지 아니하더냐?

의식치 못했던 어둠
무감각에 사로잡혔던 자만
주의 애통의 눈물 뜨거움 타고 가슴 중앙에 떨궈질 때
마음이 뜨겁지 아니하더냐?

드러나기조차 못할 억울함
바라기조차 고독한 외로움
주의 사랑의 음성 타고 따스한 햇살처럼 온 가슴에 번질 때
마음이 뜨겁지 아니하더냐?

무지함에 갇혀 있던 진리
안목 짧은 교리에 묻혔던 말씀의 빛
주께서 친히 풀어 주신 설명 타고 온 가슴으로 받을 때
마음이 뜨겁지 아니하더냐?

주님여~
말씀만 동력삼기 원하나이다
그 어떤 진동도 진전도 질주도.

주님여~
주께만 점화되기 원하나이다
그 어떤 열심도 열정도 열망도.

진리의 빛이여~
점화된 말씀의 뇌관 따라
진리의 참 파워를 드러내소서.
어둔 땅 뚫어내는 두나미스 권능으로 임하소서.

눅 24:32 그들이 서로 말하되 길에서 우리에게 말씀하시고 우리에게 성경을 풀어 주실 때에 우리 속에서 마음이 뜨겁지 아니하더냐?

예수께서 부활하신 날, 예루살렘에서 약 11km 떨어진 엠마오로 가던 두 제자가 예수님의 처형과 죽음에 관해 혼란과 슬픔 속에 이

야기를 나누고 있었습니다. 이때 부활하신 예수께서 다가오셨지만 알아보지 못한 채 낙망감을 표현하매 예수님께서 성경 전체에 걸친 메시아 예언에 대해, 그리고 메시아의 고난과 영광에 대해 가르치십니다. 이어 저녁 식사에 초대하여 예수님으로부터 축사를 받고 빵을 떼주실 때 그제서야 비로소 예수님을 알아보며 그 가르침을 통해 받았던 매우 특별했던 뜨거움을 서로 토하는 장면입니다.

이 엠마오로 가는 제자들이 부활하신 주님께 들었던 가르침의 뜨거움은 당연히 21세기 현재에도 유효합니다. 부활의 영, 예수의 영께서 우리 육체를 성전 삼아 함께하고 계시기 때문입니다. 우린 일상에서 그분께 결코 시선을 주지 않다가 고요한 말씀 묵상 시간이 되고서야 주께 집중하게 됩니다. 그리고 여쭙니다. 무조건적 신뢰와 적극적 갈증을 가지고, 때론 예수님의 옆구리에 기대 친근하게 물었던 요한처럼 평온한 눈길로 여쭙니다. 주께서 친밀한 자에게 풀어주시는 말씀의 진의와 통찰의 변과 함께 오는 이 뜨거움을 누리고 사시나요? 신앙은 이렇듯 묻고 알아가는 만남이며 관계(relationship)적 교제입니다.

21세기 교인들이 복음의 본질을 이해하지 못한 채 허탄한 것에 이끌리는 이유는 말씀을 상고하며 주님과 마주 앉는 만남의 시간이 부재하거나 지속되지 않아서인 듯합니다. 오늘날 교인들이 무늬만 크리스천인 채 뜨거움과 능력 없는 삶을 살아가는 이유가 그 만남의 뜨거움 속에서 '자아'가 부인되고 해결되는 것을 배우지 못해서인 듯합니다. 기도와 순종 속에서 주의 왕 되심의 파워를 체험치 못해서인 듯합니다. 그러므로 기도와 말씀 묵상은 신앙인의 균형 있는 두 날개여야 합니다.

날숨과 들숨으로 매일의 생명을 유지하듯, 내 숨을 비우고 주의 숨으로 채우는, 거듭난 자의 영생으로의 이 호흡과 소통이 충만하시길 축원합니다.

진정한 기독교는
단순히 특정 신학에 대한 신념과 연구가 아닙니다.
실제 인간의 몸을 입고 오신 하나님의 아들 예수님과
매일 개인적으로 소통하며 사는 것입니다. (by J.C. 라일)

에필로그

"예수께서 행하신 일이 이 외에도 많으니 만일 낱낱이 기록된다면 이 세상이라도 이 기록된 책을 두기에 부족할 줄 아노라"(요 21:25).

예수님의 행적만 다 기록한다 해도 그 책들을 둘 지구의 공간이 부족하리라는 요한의 증언이 있었을진대 예수님의 생각과 영적 사유까지 포함한다면 얼마나 방대하고 광대할까요?

묵상은 바로 그것을 듣는 시간이라 여겨집니다. 그래서 너무 즐겁고 늘 기대되지 않을 수 없습니다.

행과 행 사이 숨겨두신 말, 사건과 사건 사이 설명해 주고 싶어 하신 말, 구약과 신약 사이 해석해 주고 싶으신 말, 문화와 시대를 넘어 불변하는 것들에 대한 섭리, 시간과 공간을 넘어 영원한 것들에 대한 이치, 그리고 그분의 음성을 타고 스며 나오는 깊은 사랑과 선하심과 아름다우심의 향기들로 취하는 시간들입니다.

이 귀한 묵상 시간으로의 여행자는 마치 발 닿지 않는 산의 뿌리 더듬어 갱도를 내고 흔들리는 밧줄을 타는 새벽 광부와 같습니다. 그리고 캐낸 보화로 인한 기쁨은 모든 시름을 잊게 합니다.

"우리는 은을 품은 광맥이 있다는 것과 어떤 광석에서 금을 정련해 내는지 알고 있네…산의 뿌리를 더듬어 광석을 찾고 숨 막히는 어둠 속에서 파고 또 판다네. 그들은 사람들의 자취가 없는 먼 곳에 수직 갱도를 파고 밧줄을 내려 갱도 안으로 들어가네…

독수리는 그 가치를 알지 못하고 매는 거기에 눈을 두지 않네. 들짐승들은 그것을 의식하지 못하고 사자는 그것이 거기 있는지도 모른다네. 그러나 광부들은 바위를 깨부수고 산을 뿌리 채 파헤치네. 암석에 갱도를 뚫어 온갖 아름다운 보석을 찾아낸다네. 그들은 강의 근원을 발견하고 땅에 숨겨진 여러 보물을 캐낸다네." (욥기 28:1-11, 메시지 성경)

사람들의 사유가 닿지 않는 전능자의 성산에 오르는 새벽 시간, 잠잠히 골방에서 집중하며 말씀의 갱도를 파는 시간, 세상이 던져 주는 썩은 동아줄 대신 벧엘의 사다리에 의지해 씨름하고 인내하는 시간 그리고 그 여정에서 캐낸 보화 같은 말씀들의 축포를 누리는 시간! 이 은밀한 곳에서의 친밀한 교제로 가슴 중앙으로부터 손끝과 발끝으로 뜨겁게 번지는 시간들이 각자의 삶과 심령에서 부흥되고 확장되시길, 작금의 어둔 땅을 사는 최고의 축복들로 화하시길 기도합니다.

Life is an awesome adventure with the Lord

2025년 3월

김지영

묵상 시집
신부의 뜰

1판 1쇄 인쇄 _ 2025년 3월 25일
1판 1쇄 발행 _ 2025년 4월 5일

지은이 _ 김지영
펴낸이 _ 이형규
펴낸곳 _ 쿰란출판사

주소 _ 서울특별시 종로구 이화장길 6
편집부 _ 745-1007, 745-1301~2, 743-1300
영업부 _ 747-1004, FAX 745-8490
본사평생전화번호 _ 0502-756-1004
홈페이지 _ http://www.qumran.co.kr
E-mail _ qrbooks@daum.net / qrbooks@gmail.com
한글인터넷주소 _ 쿰란, 쿰란출판사
페이스북 _ www.facebook.com/qumranpeople
인스타그램 _ www.instagram.com|qrbooks
등록 _ 제1-670호(1988.2.27)
책임교열 _ 김유미 · 최은샘

ⓒ 김지영 2025 ISBN 979-11-94464-46-4 03230

책값은 뒤표지에 있습니다.
이 출판물은 저작권법에 의해 보호를 받는 저작물이므로 무단 복제할 수 없습니다.
파본(破本)은 구입처에서 교환해 드립니다.